KB260747

디지털시대 다시 읽는 자본론

『資本論』の教室

디지털시대 다시 읽는 자본론

가와카미 노리미치 지음 / 최종민 옮김

당대

디지털시대 다시 읽는 자본론

ⓒ 가와카미 노리미치, 2000
한국어판 ⓒ 도서출판 당대, 2000

지은이/가와카미 노리미치
옮긴이/최종민
펴낸이/김종삼
펴낸곳/도서출판 당대

제1판 제1쇄 인쇄 2000년 2월 28일
제1판 제1쇄 발행 2000년 3월 2일

등록/1995년 4월 21일(제10-1149호)
주소/서울시 마포구 연남동 372-4
연세맨션 라동 101-3호 121-240
전화/323-1316 팩스/323-1317
전자주소/천리안 · 유니텔: dangbi, 하이텔 · 나우누리: dangdae

ISBN 89-8163-048-8

머리말

칼 마르크스는 자신의 명저 『자본론』에서 오늘날의 경제구조를 어떻게 해명하고 있을까. 그 기초적인 내용을 수준(level)을 떨어뜨리지 않으면서도 철저하게 분해하여 알기 쉽게 해설해 보고자 하는 것이 이 책의 목적이다.

오늘날의 경제는 자본주의 경제라고 불리고 있는 바와 같이, '자본'이 주도하는 경제이다. 생산이나 유통은 기업(회사)에 의해 이루어지고 있지만 그 실체는 자본의 증식활동이다. 그렇다면 자본이란 도대체 무엇일까. 자본은 왜 이윤을 낳을 수 있는 것일까.

자본이란 무엇보다도 먼저 밑천(화폐)이기 때문에, 자본을 이해하기 위해서는 화폐가 무엇인지를 이해하고 있지 않으면 안된다. 사람들은 화폐에 대해서는 매일 사용하고 있는 만큼, 잘 알고 있다고 생각할지도 모른다. 그러나 1만원권이 화폐라는 것을 알고 있고 또 그것을 사용할 수 있다고 해서, 화폐에 대해서 이해하고 있는 것은 아니다. 예를 들어 왜 화폐로 상품을 구입할 수 있는가 하는 질문을 받는다면, 당신은 어떻게 대답하겠는가? 이렇게 생각해 본다면 불가사의할 것이다.

이 질문에 대답하기 위해서는, 애초에 화폐란 것은 상품생산과 상품교환이 발달하는 가운데서 발생할 수 있었다는 근본적인 문제로까지 거슬러 올라가 생각하지 않으면 안 된다. 그렇다면 화폐에 대해서 정확하게 이해하기 위해서는 상품이 무엇인지를 반드시 알아야 한다. 이 과정에서 상품과 화폐에 대해서 알게 되고 그것을 근거로 해서 비로소 자본에 대해서 이해할 수 있게 되는 것이다.

이처럼 자본을 정확히 이해하기란 쉬운 일이 아니다. 그러나 자본에 대한 이해는 자본이 지배하는 오늘날의 사회를 깊이 있고 명확하게 포착하는 데 반드시 필요하다. 그렇기 때문에 자본을 이해하면, 우리의 사회관·세계관에 새롭고 심오한 견해가 더해진다.

다행히도 우리에게는 마르크스의 『자본론』이 남겨져 있다. 그렇기는 하지만 『자본론』 역시 무척이나 어려운 책이다. 바로 여기에 이 책이 출판되는 이유가 있다. 이 책에서는 다음과 같은 순서로 『자본론』을 해설해 보고자 한다.

제1장 상품(상품생산물)이란 무엇인가
제2장 상품의 가격은 무엇에 의해서 결정되는가, 가치란 무엇인가
제3장 화폐란 무엇인가, 또 가치는 왜 가격으로 되는가

제4장 상품생산 사회의 근본적 특징(=한계)은 무엇이며, 노동생산물은 왜 상품으로 되는가

제5장 자본이란 무엇이며, 이윤이란 무엇인가

그리고 이 책의 서술방법은 다음과 같다.

(1) 우선 각 장의 첫머리에 들어가기가 서술되고 있다. 들어가기는 『자본론』(기초부분)의 중심 논점을 필자 나름으로 정리해서 간략하게 종합한 것이다. 독자들은 이 들어가기를 먼저 읽기 바란다.

(2) 다음으로 들어가기를 이해하는 데 필요하다고 생각되는 것에 관해서 해설하고 있다.

(3) 그리고 그와 관련된 질문에 답하고 있다. 이것은 (1)과 (2)의 보충 혹은 관련 설명이다.

(4) 마지막으로, 이 설명들에서는 마르크스로부터 너무 많은 인용을 하지 않으려고 주의했으며 인용한 문장에 대해서는 다른 것과 구별하여 표시하고 있다.

이상에서 설명했듯이, 알기 쉽게 하기 위해서 이 책은 『자본론』을 그와 똑같은 순서대로 요약해서 설명하는 방법이 아니라 『자본론』을 철저하게 분해하여 해설하는 방법을 취하고 있다. 그렇기 때문에 생략이라든가 간략화·도식화가 이루어지고 있으며, 또 『자본론』과는 설명의 순서를 다르게 한 경우도 있다.

그렇지만 『자본론』이 언급하고자 하는 것에 대해서는 수준을 떨어뜨리지 않으면서도 있는 그대로 전달하려고 가능한 한 노력하였다.

100년도 더 전에 씌어진 고전임에도 불구하고, 『자본론』은 현대경제를 해명하고자 할 때의 기초이론이다. 『자본론』을 대체할 만한 경제학은 없다. 이 말이 나타내고 있듯이, 『자본론』을 둘러싼 논의나 근대경제학의 가격론의 문제점에 관해서도 언급하고자 한다.

읽기만 하면, 『자본론』의 기초가 정확하고도 무리 없이 이해될 수 있는 책이 되었으면 좋겠다. 『자본론』을 읽어보았지만 잘 이해가 되지 않았던 사람은 꼭 이 책을 읽어보기 바란다. 또 이 책을 읽고 흥미를 갖게 된 독자는 거꾸로 『자본론』에 한번 도전해 보기를 기대한다.

차례

제1장 상품(상품생산물)이란 무엇인가

| 들어가기 |

자본에 대해서 이해하기 위해서는 그전에 화폐에 대해서 이해할 필요가 있으며, 또 화폐에 대해서 이해하기 위해서는 먼저 상품에 대해서 이해해야 한다.

자본주의 경제의 기반은 상품이다. 자본에 의한 생산은 상품생산이고 상품생산은 자본주의 경제에서 가장 발전하고 있다.

상품(상품생산물)이란 무엇인가

토지나 골동품 같은 것도 상품이지만, 여기서는 먼저 보통의 노동생산물인 상품에 대해서 생각해 보자.

(1) 상품은 무엇보다도 먼저 사용가치이다

상품은 인간이 필요로 하는 일정한 유용성을 가지고 있으며, 인간의 일정한 종류의 욕망을 만족시켜 주는 생산물이다. 이 유용성을 사용가치라고 부르지만, 그것은 상품체 없이는 존재하지 않기 때문에 상품체 그 자체가 사용가치이다.

(2) 상품은 교환가치를 가지고 있다

상품이 사용가치인 것은 당연하지만, 상식적으로 생각해 보면 상품의 특질은 '가격'에 의해서 매매되는 생산물이라는 것이다. 그러나 가격이란 화폐가 있어야 비로소 존재하는 사상(事象)이므로, 화폐나 가격이 무엇인가 하는 것은 아직 명확하지가 않다. 따라서 이 단계에서는 아직 가격이라는 개념을 사용할 수가 없다. 하지만 명확한 개념을 사용해서 논하지 않으면 순환논법이 되고 만다.

그래서 '생산물이 가격에 의해서 매매된다는 것'이 지니는 의미를 가격(화폐)을 제외하고 생각해 보자. 그러면 이것은 그 생산물이 다른 모든 생산물과 특정의 비율로 교환될 수 있다는 의미이다. 왜냐하면 상품은 그 가격으로 표시된 화폐와 교환되지만, 그 화폐는 다시 다른 모든 상품과 교환되기 때문이다.

사실 역사적으로도 상품교환의 시작은 직접적인 생산물 교환(물물교환)이었다.

어떤 생산물 A(사용가치 A)가 다른 생산물 B(사용가치 B)와 교환될 수 있을 때, 교환될 수 있는 생산물 B의 양을 생산물 A의 교환가치라고 말한다. 따라서 상품의 특질을, 교환가치를 가지고 있는 것으로 파악할 수가 있다. 어떤 상품은 다른 여러 가지 상품과 교환될 수 있으며, 그것들은 동일하게 그 상품의 교환가치를 나타내고 있기 때문에 동등하다.

(따라서 상품의 교환가치란, 화폐를 고려에 넣는다면 상품의 가격 그 자체이다.)

이상에서 설명했듯이, 상품은 사용가치와 교환가치를 가진 생산물이고, 사용가치와 교환가치를 가진 생산물이 상품이다.

상품(상품생산물)이란 무엇인가

1. 왜 상품의 분석에서부터 시작하는가

『자본론』의 본문은 다음과 같은 유명한 문장으로 시작한다.

> 자본주의적 생산양식이 지배하고 있는 모든 사회의 부는 '상품의 거대한 집적'으로 나타나며, 개개의 상품은 그 부의 요소 형태로 나타난다. 그 때문에 우리의 연구는 상품의 분석에서부터 시작한다. (『資本論』①, 新書版, 新日本出版社, 59쪽)

이와 같이 마르크스는 상품에서부터 분석을 시작하고 있다. 왜 그랬던 것일까. 그 이유에 대해서는 레닌이 적확하게 말하고 있으므로, 레닌의 말을 인용해 보기로 하겠다.

> 마르크스의 『자본론』에서는, 맨 처음에 부르주아(상품생산) 사회의 가장 단순하고 가장 보편적이며 가장 근본적이고 또 가장 대량적이면서 가장 상식적인, 끊임없이 출현했다가 사라지는 것을 반복하는 관계, 즉 상품교환이 분석되고 있다.

그 분석은 가장 단순한 현상을 가지고(부르주아 사회의 '세포'를 가지고) 현대사회의 모든 모순(혹은 모든 모순의 맹아)을 폭로하고 있다. (『辨證法の問題について』, 國民文庫, 342쪽)

앞의 들어가기를 보면 "자본주의 경제의 기반은 상품이다"라고 쓰고 있는데, 여기서 '기반'이라는 것은, 레닌의 표현에 의하면 "가장 단순하고 … 끊임없이 출현했다가 사라지는 것을 반복하는 관계"이다. 마르크스는 바로 이것을 분석의 출발점으로 삼고 있다.

무엇보다도 마르크스에게서 인용한 위의 문장에도 그것은 정확하게 씌어져 있다. 자본주의 경제의 부는 상품의 거대한 집적이고 개개의 상품은 그 요소이기 때문에, 분석을 그것으로부터 시작한다고 말하고 있기 때문이다.

또한 이것은 당연한 것이기는 하지만, 다시 한 번 지적해 두겠다. 『자본론』은 그 제목이 가리키는 바와 같이 자본이란 무엇인가, 자본은 어떤 법칙을 가지고 운동하는가 하는 점을 명확하게 규명하는 것을 가장 큰 목적으로 하고 있다. 그렇기 때문에 자본을 해명하려는 목적을 달성하기 위해서, 상품의 분석에서부터 시작하고 있는 것이다. 들어가기 맨 처음에 씌어져 있듯이, 자본을 밝히기 위해서는 그전에 화폐에 대한 해명이 필요하고, 화폐를 밝히기 위해서는 우선 상품에 대한 해명이 필요한 것이다.

2. 체계적인 서술과 '교환가치'

그리고 지금까지 서술한 내용하고도 관련이 있는데, 『자본론』은 논리의 전개나 서술의 순서를 고려하지 않고 씌어져 있기 때문에 『자본론』을 정확하게 이해하기 위해서는 내용이 어떤 순서로 명확해져 가는지에 대해서 깊은 주의를 기울이고 읽어나가지 않으면 안 된다. 역시 인용이지만, 마르크스의 잘 알려져 있는 문장을 소개해 보기로 하자.

물론 서술의 방법은 형식적으로는 연구의 방법과 구별되지 않으면 안 된다. 연구는 소재를 상세하게 탐구하여 소재의 여러 발전형태를 분석하고 그 발전형태의 내적 유대를 탐색해 나가지 않으면 안 된다. 이 일을 마무리한 다음에 비로소 현실의 운동을 그것에 알맞게 서술할 수가 있다. 이것이 성공하여 요소의 생명이 관념적으로 반영되면 마치 어떤 '선험적인' 구성이 이루어진 것처럼 보일 수도 있다. (『資本論』①, **あと書き** '第2版への', 27쪽)

서술에 관한 마르크스의 문장을 다시 한 번 소개한다.

실재적이고 구체적인 것, 현실적 전제를 이루는 것에서부터 시작하는 것, 예를 들어 경제학에서는 사회적 생산행위 전체의 기초이자 주체인 인구에서부터 시작하는 것이 옳은 것

처럼 보인다. 그러나 좀더 자세하게 고찰해 보면 그렇지 않다
는 것이 밝혀진다. … 이미 드러나 있는 구체적인 것에서부터
드러나지 않은 추상적인 것으로 점점 나아가다가 결국에는
가장 간단한 모든 규정에 도달할 것이다. 그런 다음에 이번에
는 그것으로부터 다시 되돌아가는 여행을 시작해서 맨 마지
막에는 다시 인구에 도달할 것이다. … 이 가운데 후자의 방
법이 확실히 과학적으로 옳은 방법이다. (『經濟學批判への序
說』, マルクス・エンゲルス全集 第13卷, 大月書店, 627쪽)

『자본론』이 체계적으로 서술되어 있음으로 해서, 독자는 책을
읽어나가면서 앞에서 서술한 내용의 의미를 좀더 깊이 알게 될
것이고 근거 있는 지식이 확실하게 늘어가는 독서의 꿀맛을 느
끼게 될 것이다.

그러나 이런 서술방식에 익숙하지 않은 사람에게는, 오히려
이것이 하나의 요인이 되어 『자본론』이 섣불리 읽기 어렵게 구
성되어 있는 것처럼 생각될 수 있다.

예를 들어 상품의 분석에 들어가면 곧바로 '사용가치'와 '교
환가치'라는 용어가 나온다. 사용가치라는 것은 상품이 사용할
만한 가치(유용성)를 가지고 있다는 것이고, 시계라는 상품은
시간을 아는 데 사용되는 사용가치를 가지고 있다는 것이다. 따
라서 사용가치는 생산물로서 당연한 것을 확인하는 것이므로
금방 이해될 수 있다.

그런데 『자본론』의 이 단계 서술에서는, 우리가 상품을 생각

할 때 일반적으로 떠올리는 '가격'을 사용하지 않고 왜 교환가치 같은 일상적이지 않은 용어를 사용하지 않을 수 없는지에 관한 설명이 되고 있지 않다. 그렇기 때문에 초심자들에게는 뭔가 현실과 괴리된 논의가 이루어지고 있는 것 같은 인상을 줄 수가 있다.

이 같은 점도 『자본론』을 어렵게 만들고 있는 이유가 아닌가 해서, 들어가기에서는 경우에 따라서 『자본론』의 논리전개의 결과를 미리 뽑아내서 개념을 설명하고 있다. 들어가기에서 교환가치에 대해서 감히 가격과 연관지어 설명하고 있는 것은 바로 이 때문이다.

그럼 지금까지 학습한 것을 가지고 질문과 답변을 해보기로 하자.

1 상품으로 되는 것은 노동생산물뿐만이 아니다. 들어가기에서 예시하고 있는 토지나 골동품도 상품이지만, 오늘날에는 학원 같은 교육 서비스도 상품이고, 은행 등의 금융 서비스나 생명보험도 상품이라고 불리고 있다. 상품을 분석하면서 그 대상을 노동생산물에만 한정하는 것은 자의적이지 않은가.

노동생산물로 한정하는 것이 옳은 방법이다. 인간사회의 기초를 이루고 있는 것은 물질적인 생산과 소비이다. 생산이란 본래 노동에 의한 물질적인 생산인 것이다. 이 생산이 어떤 구조에서 이루어지는가 하는 것이 경제의 중심이다. 자본주의 경제에서는 이 생산이 상품생산으로 이루어지고 노동생산물이 상품이기 때문에, 노동생산물로서의 상품을 먼저 분석하지 않으면 안 된다.

질문에서와 같이 일상적인 경제용어로서의 상품에는 노동생산물 이외의 것도 포함되기 때문에, 그와 같은 의미에서 상품을 분석한다는 것은 역으로 일상용어를 그 전제로 하는 오류를 범하게 된다. 왜냐하면 언어란 좁은 의미로도 혹은 넓은 의미로도 사용되고 또 다르게 쓰이기도 해서 의미가 변화하는 경우도 있기 때문이다. 동일한 언어가 본질적으로 다른 것을 의미하는 경우는 얼마든지 있다.

예를 한번 들어보자. '파악'이라는 단어의 원래 뜻은 '손으로 꽉 붙잡다'이지만, 쓰임새가 바뀌어 '확고하게 인식하다'라는 뜻으로 쓰이고 있다. 또 '밥'은 원래는 '쌀밥'이라는 뜻인데, 식사 전체를 가리키는 말이 되어버렸다. '과일'은 '나무의 열매'라는 의미였던 것 같으나, 사과나 귤뿐만 아니라 딸기, 수박, 무화과 등도 포함한다. 한국에서는 토마토도 과일이라고 한다. 사실 딸기, 수박, 토마토는 '나무의 열매'가 아니라 '풀의 열매'이다. 또 무화과는 과일이 아니라 꽃이다. 어디 그뿐인가. 컴퓨터 바이러스는 바이러스(병원체)가 아니지 않는가.

거꾸로, 본질적으로 동일한 것의 형태를 구별하는 데 다른 언어를 사용하는 경우도 많이 있다. 마래미,[1] 방어새끼,[2] 방어는 같은 종류의 물고기이다. 물, 끓인 물, 얼음도 화학적으로는 동일한 물(H_2O)이다.

일상적인 경제용어의 합리적인 핵심을 이끌어냄으로써 경제학은 그 용어를 과학적인 개념으로 가공하여 사용하고 있기 때문에, 경제용어와 경제학의 개념은 상호 밀접한 관계를 가지고 있지만 동일한 것은 아니다.

가격이 매겨져서 매매되는 것은 무엇이든지 상품이라고 부르고 있는데 그렇게 하는 것도 의미가 있겠지만, 역사적으로는 물론이거니와 오늘날에도 상품의 중심은 역시 노동생산물이다. 따라서 노동생산물로서의 상품을 해명하는 것이 먼저이다. 그 다음에 토지나 골동품 등등이 상품이라고 불리는 이유를 명확하게 밝

---

1) 마래미란 40cm 가량의 방어새끼를 말한다 — 옮긴이.
2) 여기서 방어새끼는 몸 길이 60cm 정도의 방어를 말한다 — 옮긴이.

힐 수 있다.

그런데 이 질문을 그대로 받아들이는 입장에서『자본론』을 비판한 사람들이 있다. 옛날에는 뵘-바베르크(Böhm-Bawerk)라는 마르크스 비판가가 그러했으며, 최근에는『마르크스 경제학을 재조명한다(マルクス經濟學を見直)』(大木啓次 著, 平原社, 1994)에서 동일한 비판을 되풀이하고 있다. 이 비판의 방법이 틀렸다는 것을 확실하게 이해했을 것으로 생각한다.

더구나 이와 같은 마르크스 비판 가운데는,『자본론』이 상품을 노동생산물로 한정하고 있는 것을 의도적으로 은폐하고 있다는 내용의 주장이 있다.『자본론』의 상품분석이 노동생산물로서의 상품으로 한정되고 있다는 것은 책을 한 번만 읽어보면 명확해지지만, 확실히『자본론』에는 노동생산물로 한정하는 이유가 서술되어 있지 않다. 그렇다고 해서 이것이 은폐하고 있다는 논거가 될 수는 없다. 아마 마르크스로서는 그 이유가 너무나도 자명한 것이어서 서술할 필요성을 느끼지 않았던 것으로 생각된다.

2 들어가기에는, 상품생산은 자본주의 경제에서 가장 발전하고 있다고 씌어 있는데, 상품교환은 역사적으로 옛날부터 있었던 것은 아닌가.

상품유통도 그렇고 상업도 옛날부터 있었던 것은 틀림없는 사실이다. 하지만 여기서 중요한 것은, 자본주의 경제에서는 '생산'이 '상품생산'으로 되고 있다는 점이다.

예를 들어 일본에서 봉건제 경제가 가장 발전했던 시기는 에도

(江戸) 시대이다. 또 이 에도 시대에는 상업이 상당히 발전하고 있었다. 그렇지만 이 시대의 생산의 중심이 상품생산은 아니었다.

에도 시대 후기의 일본 인구는 약 3천만 명이었는데, 그 구성을 보면 지배자인 무사계급이 약 7%이고, 농민 84%, 상공업자 6% 정도였던 것으로 전해지고 있다. 이 인구구성을 보면 알 수 있듯이, 생산은 압도적으로 농업 중심이었고 그 농업은 미작 중심으로 이루어지고 있었다. 농민은 자신이 생산한 농산물의 50% 가량을 소작료로 무사계급에게 강제적으로 몰수당했고(五公五民), 그 나머지로 자급자족 생활을 해냈다. 따라서 농산물의 대부분은 상품으로 판매되기 위해서 생산된 것이 아니었다.

다시 말해 에도 시대의 상품유통은 생산자가 아닌 무사계급에 의한 쌀 판매가 중심축을 이루었다. 무사계급은 강제로 몰수한 소작미(쌀 이외의 농산물도 쌀로 환산하여 주로 쌀로 징수했다) 가운데 자기들이 소비하는 양을 제외한 나머지는 상인을 고용해서 판매했던 것이다.

다만 쌀을 판매한다는 것은 쌀을 팔아서 쌀 이외의 다른 생산물을 구입한다는 것이기 때문에, 쌀이 판매될 수 있기 위해서는 그 판매액에 해당하는 액수만큼 다른 농산물이나 수공업품 같은 것이 상품으로 생산되어야 한다. 요컨대 일정 정도의 상품생산 및 화폐사용의 발전이 그 전제로서 필요하다.

더구나 소작미 대신에 화폐로 납부하게 하는 경우도 상당히 있었는데, 이런 경우에는 무사계급이 쌀 판매를 위해 투여하는 시간과 노력이 줄어들었다.

또 하나의 축은 농업과 수공업의 분업(예컨대 쌀과 소금·가래·솥 등의 교환)의 발전이라든가 농업 및 수공업 내부의 분업(예컨대 면화나 유채씨 같은 상품작물의 생산)의 발전에 따른 상품생산의 확대이다.

그리고 농업생산력이 향상됨에 따라, 그전까지는 소작료와 생활비로 쓰고 나면 다 바닥나 버렸던 농산물이 조금씩 남는 경우도 발생하게 되었다. 이렇게 내다 팔 수 있는 농산물을 가지는 것이 가능해진 농민이 상당수 생겨날 수 있었던 것 역시 상품생산의 확대를 촉진하는 역할을 했다.

이처럼 에도 시대에는 상품생산과 상품유통이 상당히 발전하고 있었지만, 처음에 서술한 바와 같이 그렇다고 해서 생산의 기본이 상품생산인 것은 아니었다.

이에 관한 좀더 자세한 내용은 '보론 1. 에도 시대의 쌀을 중심으로 한 생산과 소비의 순환구조에 대하여'를 참고하기 바란다.

봉건제 경제의 에도 시대에 관해서는 살펴보았는데, 그렇다면 사회주의 경제의 경우는 어떨까. 사회주의 경제에서는, 상품생산이 광범위하게 잔존하지만 사회주의 경제가 완성되어 나가면서 생산물은 상품으로서의 본래의 성격을 점점 잃어간다고 할 수 있다. 사회주의 경제에 관해서는 제4장에서 생산물이 상품으로 되는 근거를 설명할 때 자세히 살펴보기로 하겠다.

이상과 같은 이유 때문에, 자본주의 경제에서 상품생산이 가장 발전하게 된다.

제2장 상품의 가격은 무엇에 의해서 결정되는가, 가치란 무엇인가

상품의 가격은 무엇에 의해서 결정되는가,
가치란 무엇인가

상품의 교환가치란 그 상품과 교환할 수 있는 다른 상품의 양을 말한다. 예를 들어 어떤 상품은 사과 다섯 개와 교환할 수 있는 교환가치를 가지고 있고 또 어떤 상품은 사과 열다섯 개와 교환할 수 있는 교환가치를 가지고 있는 식으로 되어 있기 때문에, 교환가치에는 당연히 크기가 있다. 이 크기가 무엇에 의해 결정되는가 하는 것이 상품에서 중요한 문제이다.

앞에서도 서술한 바와 같이, '화폐나 가격이 무엇인가' 하는 점이 아직 명확하게 규명되지 않은 단계이기 때문에 교환가치가 문제이지만, 사실 이것은 상품의 가격(크기)이 무엇에 의해 결정되는가 하는 것과 동일한 문제이다.

(1) 교환가치(=가격)의 크기를 결정하고 있는 그 상품의 내실을 '가치'라고 한다

상품의 교환가치(=가격)는 그 상품의 외적 요인(예컨대 수요공급 관계 등)에 의해 변동하지만, 교환가치(=가격)의 크기의 중심을 결정하는 것은 그 상품 자체 내에 있는 요인이라고 생각할 수 있다. 바로 이것을 가치라고 부른다.

(2) 상품의 가치는 그 상품에 포함되어 있는 노동의 양이다

가치의 용어상의 의미에 대해서는 (1)에서 서술했으므로, 이제
상품 내의 무엇이 상품의 가치가 되고 있는지, 즉 가치란 무엇인
지에 관해서 명확하게 밝혀야 할 것이다. 그러면 교환가치에 대
해서 분석해 보기로 하자.

① 상품교환은 다음과 같은 등식으로 가장 단순하게 표현될 수
있다.

$$10\text{kg의 쌀} = 1\text{개의 시계}$$
$$(2\text{권의 책} = 15\text{개의 사과}\cdots \text{등등})$$

이 등식에서는 일반적으로 10kg의 쌀(상품)은 1개의 시계(상
품)와 교환되는 관계가 사회적으로 성립되어 있다는 것을 나타내
고 있다. 이 경우에 10kg의 쌀의 교환가치는 1개의 시계이고, 시
계 1개의 교환가치는 10kg의 쌀이다.

② 앞의 등식을 분석해 보면, 등식이 성립하고 있기 때문에 10kg
의 쌀과 1개의 시계 양쪽에 똑같이 공통적인 것(제3의 것)이 당
연히 존재할 것이다.

양변에서 교환되는 것은 사용가치를 가진 노동생산물이다. 먼
저 사용가치에 대해서 살펴보면, 10kg의 쌀과 1개의 시계는 완
전히 다른 것(사용가치가 다르기 때문에 비로소 교환될 수 있다)

이기 때문에 공통성은 없다. 그래서 이 상품들에서 사용가치(유용성) 측면을 제외하고 생각해 보면, 양쪽에 공통적인 것은 어느 쪽이든 노동생산물이라는 사실뿐이다.

따라서 양쪽에 똑같이 공통적인 것은 각각을 생산하는 데 투입된 노동의 양이다. 다시 말해 10kg의 쌀에 결정(結晶)되어 있는 노동의 양이 1개의 시계에 결정되어 있는 노동의 양과 동등하기 때문에, 10kg의 쌀이 1개의 시계와 교환될 수 있는 것이다. 결국 10kg의 쌀의 교환가치(크기)를 결정하는 것은 10kg의 쌀에 결정되어 있는 노동의 양이다. 따라서 상품에 결정되어 있는 이 노동의 양이 바로 교환가치의 크기를 결정하는 내실이다.

그런데 (1)에서 설명했듯이 교환가치의 크기를 결정하는 내실을 그 상품의 '가치'라고 부르기 때문에, 이 노동량이 상품의 가치인 것이다.

(또 가치는 상품에 '결정되어 있는' 노동의 양이라고 했는데, 이것을 상품에 '대상화되어 있는' 노동의 양, 상품에 '물질화한' 노동의 양, 상품에 '포함되어 있는' 노동의 양이라고 표현하기도 한다. 쉽게 말하자면, 가치란 노동의 덩어리〔塊〕이다.)

③ 그렇다면 쌀과 시계 양쪽에 공통적인 노동이란 어떤 노동일까. 쌀을 만드는 노동은 논에서의 경작 같은 것이고, 시계를 만드는 노동은 공장에서의 정밀가공 같은 것이다. 이 양쪽의 노동은 구체적인 모습도 그렇거니와 그 유용성(어떠한 유용물을 만들었는가)도 전혀 다르다.

따라서 이들 양쪽에 공통적인 노동이란, 노동의 구체적인 모습이나 유용성은 다르지만 '어떠한 노동도 인간이 두뇌나 손발을 사용해서 이루어진다는 점에서는 동일한' 노동이다. 노동이 가진, 이 인간노동으로서의 공통성을 '추상적 인간노동'이라고 부른다. 오직 이 추상적 인간노동만이 가치를 창출한다.

④ 상품의 가치는 그 상품에 결정(結晶)되어 있는 노동의 양이다. 그러나 게으르거나 숙련되지 못해서 그 상품을 생산하는 노동시간이 길어졌다고 해서, 그만큼 그 상품의 가치가 커지는 것은 아니다. 가치를 만드는 추상적 인간노동은 노동의 동등하고 균일한 측면이기 때문에, 설사 그 사회의 평균적인 노동자가 6시간 걸려서 하는 것을 미숙련 노동자는 9시간 걸려서 노동했을지라도, 그 노동의 양은 6시간으로밖에 평가되지 않는다.

요컨대 상품의 가치는 사회적으로 필요한 노동시간에 의해 결정된다. 사회적으로 필요한 노동시간이라는 것은 표준적인 모든 생산조건 아래서 평균적인 숙련도와 평균적인 강도의 노동에 의해 그 상품을 생산하는 데 필요한 노동시간을 의미한다.

(3) 상품에 포함된 노동에 관해서 철저하게 분석하면 상품에 포함된 노동은 이중적인 성격을 가지고 있다는 것이 밝혀진다

① 상품은 사용가치와 가치를 가진 노동생산물이다. 이 가운데 가치는 (2)의 ③에서 밝혀진 대로, 상품을 만드는 노동 가운데서

'추상적 인간노동'이라는 측면에 의해 생성된다. 사용가치도 또한 상품을 만드는 이와 똑같은 노동에 의해서 만들어진다. 그래서 상품을 만드는 노동 가운데서 '사용가치(유용물)를 만드는 노동'을 우리는 '구체적 유용노동'이라고 부른다.

다시 말해 상품에 포함된 노동은 사용가치로 표시되는 노동(구체적 유용노동)과 가치로 표시되는 노동(추상적 인간노동)이라는 이면적 혹은 이중적 성격을 지니고 있다는 것이다.

(구체적 유용노동과 추상적 인간노동이라는 두 종류의 노동이 있다는 의미가 아니라 동일한 노동에 두 가지 측면이 있다는 것이다.)

② 마르크스는 상품에 포함된 노동의 이 이중성을 "경제학을 이해하는 데 결정적인 점"이라고 쓰면서 중시하고 있다.

③ 유용물을 만드는 노동(=구체적 유용노동)으로서의 노동은 인간이 생활을 영위해 나가는 데 반드시 필요하다('영원한 자연 필연성'). 따라서 구체적 유용노동은 상품생산 사회가 아니라 할지라도 당연히 존재한다.

④ 다른 사용가치(유용물)는 다른 구체적 유용노동에 의한 생산물이다. 여러 종류의 사용가치를 만드는 여러 가지 구체적 유용노동이 이루어지고 있다는 것은 그만큼 분업이 발달해 있다는 것이다.

그런데 생산물(상품) 교환은 다른 사용가치를 가진 생산물들 사이에서만 이루어지기 때문에, 분업은 상품교환의 전제가 된다. 그렇지만 원시공동체 내에서나 공장 내에서 분업이 이루어지고 있을지라도 상품교환은 발생하지 않는 것처럼, 분업이 존재한다고 해서 반드시 상품교환이 존재하는 것은 아니다.

상품교환은 각각의 생산물이 사적인 생산물일 때, 다시 말해 분업의 각 단위가 '독립적이고 사적으로' 이루어지고 있을 때만 발생한다. 이때 비로소 생산물은 상품이 된다. 상품이 존재할 때만 상품가치는 존재하기 때문에, 이와 같은 구조를 가진 상품생산 사회에서 이루어지는 노동의 한 측면(추상적 인간노동)이 상품의 가치를 창출하는 것이다.

⑤ 상품에 포함된 노동은 사용가치(구체적 유용노동이라는 측면)와 관련해서는 질적인 차이가 그 의의를 지니며, 가치(추상적 인간노동이라는 측면)와 관련해서는 양적인 차이가 그 의의를 가지고 있다. 그러나 마르크스 이전의 고전파 경제학은 상품에 포함된 노동의 양적인 차이가 추상적 인간노동이라는 질적인 동등성을 전제로 하고 있다는 점을 고려하지 않았다.

⑥ 노동의 생산력(생산성)이란 일정한 시간에 어떤 유용물을 얼마만큼 생산할 수 있는가 하는 것이기 때문에, 그것은 구체적 유용노동의 생산력(생산성)이다. 한편 일정한 노동시간의 노동이라면 추상적 인간노동의 양은 동일하기 때문에, 노동의 생산력(생

산성)은 추상적 인간노동을 변화시키는 것은 아니다.

따라서 노동의 생산력(생산성)이 높아져서, 예를 들어 이전에 10kg의 쌀을 생산하는 데 투입되었던 것과 똑같은 시간에 20kg의 쌀을 생산할 수 있다면, 20kg의 쌀이 이전의 10kg의 쌀과 동일한 가치를 가지기 때문에(포함된 추상적 인간노동의 양이 동일하기 때문에), 10kg의 쌀은 이전 가치의 1/2밖에 되지 않는다.

상품의 가격은 무엇에 의해서 결정되는가, 가치란 무엇인가

1. '가치'란 가격을 해명하기 위해 만들어진 용어이다

상품의 가격은 도대체 무엇에 의해서 결정되는 것일까. 상품의 가격을 결정하는 법칙을 해명하는 것은 경제학의 가장 기초적인 과제이다.

마르크스가 쓴 『임노동과 자본』의 서론에서 엥겔스 역시 다음과 같이 서술하고 있다.

경제학 앞에 드러난 것은 … 모든 상품의 가격이 종종 상품의 생산 그 자체와는 전혀 관계없이 매우 다채로운 사정에 의해서 때로는 올랐다가 또 때로는 내렸다가 해서, 그 결과 가격은 일반적으로 순전히 우연에 의해서 결정되는 것처럼 보였다는 사실이다. 그런데 경제학이 과학으로서 나타나면서 곧 이어 가장 먼저 맞닥뜨린 과제 가운데 하나는, 이처럼 겉으로는 상품가격을 지배하고 있는 것처럼 보이는 우연의 배후에 숨어 있으면서 실제로는 이 우연 그 자체를 지배하고 있는 법칙을 영리하게 파악하는 것이었다. 경제학은 때로는 위

쪽으로 때로는 아래쪽으로 끊임없이 변동하고 동요하는 상품 가격의 내부에 이 변동과 동요의 축을 이루고 있는 고정된 중심점이 존재한다는 것을 영리하게도 파악해 냈다. 한마디로 말해, 경제학은 상품가격[3]으로부터 출발해서 그것을 규제하는 법칙으로서 상품가치를 영리하게도 파악해 냈다. (マルクス 著・服部文男 譯,『賃勞動と資本 賃金, 價格および利潤』, 新日本文庫, 13～14쪽)

이 문장에도 씌어져 있고 또 들어가기에서도 지적하고 있듯이, '가치'란 무엇보다도 먼저 상품의 가격을 결정하는 상품의 내실 그 자체를 말한다. '노동가치설'의 창시자인 애덤 스미스나 이 노동가치설을 더욱더 철저하게 정립한 리카도 역시 가치라는 용어를 이와 같은 의미로 쓰고 있다.

가치를 이와 같은 의미로 사용하면, 가치란 도대체 무엇인가가 탐구해야 할 문제라는 것이 분명해진다. 가격을 결정하는 가치의 정체는 그 상품을 생산하는 노동이라고 보는 것이 노동가치설이고, 이 노동가치설을 철저하게 마무리한 것이 『자본론』이다.

사실 『자본론』에서는 가치에 관한 서술 부분에서 앞에서 언급한 가치의 용어상의 의미(내용상의 정의가 아니라 용어상의 정

---

3) 원문에는 방점으로 표시되어 있는 것을 이 책에서는 고딕체로 표시하였다 —옮긴이.

의)에 대해서는 당연한 것으로 전제하고 있기 때문인지 몰라도 분명하게 서술하고 있지 않다. 그렇지만 이 점을 명확히 알아야만 『자본론』을 쉽게 풀어갈 수 있다고 생각해서, 들어가기에서는 첫 항목인 (1)에서 이 점을 서술했다.

『자본론』에서는 처음부터 들어가기의 (2)에서 서술한 논리로 가치에 대한 정의(내용상의 정의)를 도출하고 있다. 즉 등가물로서 교환되는 두 개의 상품에 공통적으로 포함되어 있는 것은 노동의 양밖에 없다. 두 상품 각각에 포함되어 있는 노동의 양이 동일하다는 것은 그들 두 상품이 등가물로서 교환되는 근거이다. 그러므로 상품에 결정(結晶)되어 있는 노동의 양이 그 상품의 가치이다. 이것이 가치의 정의이다.

가치의 내용상의 정의(규정)는 '가격(교환가치)을 결정하는 것은 가치'라는, 가치의 용어상의 의미를 분명히 전제로 하고 있다. 이 점을 이해하지 못하면, 왜 가치라는 용어가 여기서 도출되는지 그 이유를 파악하기가 어려워지며 또 교환가치와 가치가 어떻게 구별되고 어떤 연관성을 가지는지에 대해서도 분명하게 알 수가 없다.

가치라는 단어는, 일상적으로는 '인생의 가치' 혹은 '가치관이 다르다' 등 여러 가지 의미로 쓰이지만, 교환가치나 사용가치라는 용어는 교환 혹은 사용이라는 어휘로 한정되어 있기 때문에 그 용어의 의미 또한 그 규정 속에서 이해되어야 한다. 그런데 아무런 한정도 없는 '가치'라는 용어는, 말 그대로 아무런 한정도 없는 만큼 가격을 결정하는 것이라는 용어상의 의미를 먼저 알아둘 필요가 있다.

가치의 용어상의 의미를 올바로 파악하지 못하면, 가치를 단편적으로 이해하게 된다. 왜냐하면 가치는 가격을 결정하는 것이라는 용어상의 의미와는 완전히 다른 차원에서, 가치를 상품에 포함되어 있는 노동의 양으로 이해할 수 있기 때문이다. 단적으로 말해, 상품에 포함되어 있는 노동의 양을 '가치'로 이해하게 된다.

가치를 이렇게 파악해 버리면, 노동은 상품뿐만 아니라 노동생산물이라면 그 어떤 것에도 포함되어 있기 때문에 결국 가치란 생산물에 포함되어 있는 노동의 양이라는 식으로 된다.

다시 말해 비상품생산물도 가치를 가지고 있는 것으로 되어버린다. 마르크스 경제학자들 가운데서도 이렇게 이해하는 사람들이 있지만, 그와 같은 이해는 잘못된 것이라고 나는 생각한다.

생산물에 포함된 노동의 양은 가치의 실체, 가치의 내용과 동일한 것이지만, 가치 그 자체는 아니다.

예를 들어서 설명해 보겠다. "인간이란 무엇인가"라는 물음에 프랭클린은 "인간이란 도구를 만드는 동물이다"라고 대답했듯이, "가치란 무엇인가"라는 물음에 마르크스는 "가치란 상품에 포함된 노동의 양이다"라고 대답했던 것이다. 이 경우 '인간'이라는 단어가 무엇을 가리키는지는 명백하며, 또 '도구를 만드는 동물'이라는 것은 인간의 본질적인 내용을 명확하게 한 것이지 '도구를 만드는 동물'을 인간이라고 이름붙인 것은 아니다. 마찬가지로 '가치'라는 용어가 상품의 가격을 결정하는 내실을 가리킨다는 것을 마르크스는 명백히 한 것이고, '상품에 포함된 노동의 양'이라는 것은 가치의 본질적인 내용을 밝힌 것이다.

2. 가치를 광의의 생산비로 생각하면 이해하기 쉽다

제1절에서 설명했듯이, 상품의 가격을 결정하는 내실(=가치)은 그 상품에 포함되어 있는 노동이라고 보는 것이 노동가치설이다. 그런데 상품의 가격은 무엇에 의해서 결정되는가 하는, 경제학의 기본 테마를 다루는 것이 가격론 또는 가치론인데, 이 노동가치설은 가격론(가치론)으로서 어떤 위치에 있는가에 관해서 간단하게 살펴보기로 하자.

생산(공급)되어 매매되고 소비(수요)되는 것이 상품이기 때문에, 상품의 가격이 이 가운데 주로 어디에서 결정된다고 생각하는가에 따라서 가격론(가치론)은 크게 나누어진다. 요컨대 상품가격이 생산 측면에서 결정되는가, 소비 측면에서 결정되는가, 그렇지 않으면 공급과 수요 관계에 의해서 결정되는가 등으로 나뉘는 것이다.

근대경제학의 가격론(미시경제학이라고 부르고 있다)은 소비 측면에서의 가치설인 한계효용론을 기초로 하면서 그와 더불어 상품의 수요량과 공급량을 가격의 함수로 파악하여 수요곡선과 공급곡선을 도출해서 두 곡선의 교차점(균형점)에서 가격이 결정된다고 본다. 따라서 가격은 공급과 수요의 관계에서 결정된다고 판단하고 있다고 봐도 좋을 것이다(한계효용론에 관해서는 이 장의 질문 3에서 아주 간단하게 언급하고 있다. 또 수요곡선과 공급곡선에 의한 균형가격 결정론에 관해서는 '보론 2. 가격은 정말 수요곡선과 공급곡선의 교차점에서 결정되는가'에서 그 문제점을 설명하고 있다).

이와 달리 노동가치설은 상품의 가치가 상품에 포함되어 있는 노동의 양으로 결정된다고 파악하기 때문에, 가격은 생산 측면에서 결정된다고 보고 있다(물론 공급과 수요 관계도 가격에 크게 영향을 미치지만, 기본적으로 생산 측면에서 결정된다고 보고 있다. 이 문제에 관해서는 이 장의 제3절 '수급관계에 따른 가격의 변동과 가치(생산비)'에서 다룬다).

1) 생산비설을 철저하게 한 것이 노동가치설

쉽게 말하자면, 상품의 가격은 그 상품을 생산하는 데 들어간 것이 많을수록 비싸진다는 사고를 바탕으로 해서 생산에 투입되는 비용을 노동시간으로 측정한 것이 바로 노동가치설이다.

그런데 상품을 생산하는 데 들어가는 비용을 금(화폐)으로 측정하면, 그 상품의 '생산비'를 산출할 수 있다. 따라서 상품의 가격은 그 상품의 생산비로 결정된다는 논리를 철저하게 한 것이 노동가치설이라고 할 수 있다. 이런 식으로 파악하면 노동가치설을 이해하기 쉬워질 거라고 생각한다.

예를 들어 볼펜의 가격은 1자루에 100원대이고 컬러 텔레비전의 가격은 10만원대라고 하자. 왜 이렇게 가격의 크기가 다른 가라고 할 때, 그것을 설명할 수 있는 것은 생산비의 차이밖에 없을 것이다. 볼펜의 생산비는 1자루에 100원대, 컬러 텔레비전의 생산비는 10만원대이기 때문에 가격 또한 그렇게 된다는 것이다.

따라서 생산기술이 향상되어 생산비가 낮아지면 그만큼 가격도 내린다. 최근 들어와서 전자계산기, VTR(video tape recorder) 같은 전자제품의 가격이 큰 폭으로 내린 것도 전자제품 1대당 생산비가 크게 낮아졌기 때문이다.

이것을 단적으로 보여주는 에피소드 한 가지를 소개해 보기로 하자.

일본이 돈벌이를 할 수 있었던 것 가운데 하나가 VTR이다. VTR은 미국의 암펙스 사가 맨 처음으로 시장에 선보였는데, 당시 1대당 가격이 2천만 엔이나 했다. 그렇기 때문에 방송국밖에 사용할 수 없었다. 미국은 땅이 무척 넓은 나라인지라, 동해안과 서해안이 3시간 이상 시차가 났다. 그래서 전문가들 사이에서는 VTR이 이 시차를 극복할 수 있는 대발명이라고 높이 평가되었다.

그러나 일본 기술자의 생각은 달랐다. '이것이 10만 엔대로 떨어져야만 굉장한 것으로 된다.' 그러나 당시의 가격은 2천만 엔이었다. 이것이 100분의 1로 될 거라고 생각하는 미국인은 없었다. 이 상식을 완전하게 뒤집은 것이 일본의 가전제품 회사였다. 그래서 이제는 연간 4조 엔이라는 거대산업으로 자리잡았다.

　… 반도체의 LSI(large scale integration)도 그렇다. 몇 밀리미터 크기의 실리콘 판에 트랜지스터가 수천 개나 심어져 있다. 이것은 말 그대로 혁명적인 기술이었다. 이것 하나만 해도 가격이 당시에 5만 엔에서부터 10만 엔 이상을 호가했다. 발명자인 미국에서는 이것을 쾌속 미사일이나 위성에 사용하는 것을 생각하고 있었다.

　… 그런데 일본인은 이것을 보고 또 다른 영감(inspiration)을 떠올렸다. '전자계산기에 사용하자.' 당시의 전자계산기는 타자기(typewriter) 정도의 크기였다. 그러나 LSI를 사용하면 호주머니(pocket)에 들어간다. 이것은 혁명이었다!

　가격이 비싸지만, 이런 것을 한 달에 10만 개 정도만 생산한다면 1만 엔대로 가격을 낮출 수 있을 것이다. 이러한 염원은 아주 멋지게 적중했다. 이제 전자계산기용 LSI는 200엔 정도 한다. 이것도 가격이 100분의 1로 떨어진 것이다. (唐津一 著, 『技術大國に孤立なし』, PHP研究所, 1990, 137~138쪽)

　VTR도, 반도체의 LSI(고밀도 집적회로)도 가정용으로 대량 생산함으로써 1개당 생산비를 인하하는 데 성공했기 때문에 낮은 가격으로 공급할 수 있었다. 이와 같이 상품의 가격이 기본적으로는 생산비에 의해 결정된다는 법칙은 상식적으로도 납득할 수 있거니와, 오늘날의 가격문제를 분석하는 데도 일반적으로 활용되고 있다.

2) 마르크스도 생산비를 가치와 동일한 것이라고 생각했다

그런데 마르크스도 『임노동과 자본』에서 "상품의 가격은 그 생산비에 의해 결정된다"고 하면서 다음과 같이 쓰고 있다.

> 생산비에 의한 가격의 결정은 상품생산에 필요한 노동시간에 의한 가격의 결정과 동일하다. 왜냐하면 생산비는, 첫째로 원료 및 도구의 손실분, 즉 그것을 생산하는 데는 일정 분량의 노동일이 소비되고 따라서 일정 분량의 노동시간을 나타내고 있는 산업생산물로 구성되어 있으며, 둘째로 역시 시간이 그 척도인 직접노동으로 이루어져 있기 때문이다. (『賃勞動と資本 賃金, 價格および利潤』, 48쪽)

여기에서 마르크스는 "상품의 가격은 그 생산비에 의해 결정된다"고 쓰고 있는데, 상품의 가격을 결정하는 것을 가치라고 부르기 때문에 이는 곧 "상품의 가치는 생산비이다"라고 말하고 있는 것과 똑같다. 그리고 생산비는 상품을 생산하는 데 필요한 노동시간으로 이루어져 있다고 쓰고 있어, 결국 가치는 상품에 포함된 노동의 양이라는 『자본론』의 명제와 동일한 내용을 서술하고 있다.

그렇기 때문에 노동가치설은 생산비를 매개로 해서 파악하면 이해하기 쉽지만 유의하지 않으면 안 되는 점도 있다.

3) 『자본론』에서는 왜 생산비라는 용어가 사용되고 있지 않을까

『임노동과 자본』은 『자본론』 제 I 권이 간행되기 18년 전에 마르크스가 쓴 것이다(현재 우리가 읽고 있는 『임노동과 자본』은 엥겔스가 서문에서 밝히고 있듯이, 『자본론』 등에 의해 명확해진 것을 근거로 해서 마르크스 사후에 엥겔스가 "필요한 약간의 변경이나 추가"를 한 것이다). 이 『임노동과 자본』에서는 생산비라는 용어가 자주 사용되고 있지만, 『자본론』에서는 적어도 중요한 용어로는 사용되지 않고 있다.

생산비는 가격을 전제로 한 용어이기 때문에, 『자본론』이 화폐에 대해서뿐만 아니라 가격에 대해서도 아직 명확하게 하고 있지 않은 서술단계에서는 생산비라는 용어를 쓰지 않는 것은 당연하다. 그러나 『자본론』에서는 그후의 서술단계에서도 이 용어를 사용하지 않는 것은 왜 그럴까.

그것은 생산비라는 용어가 어떤 불명확함을 포함하고 있기 때문이 아닌가 하는 추측을 할 수 있을 것인데, 그 점에 대한 나의 생각을 서술해 보면 다음과 같다.

가격을 결정하는 것으로서, 지금까지 서술해 온 생산비는 상품생산 그 자체에 투입되는 것을 말한다. 그러나 보통 생산비(cost)라고 하면, 상품을 생산할 때 자본가(경영자)가 지불하는 비용을 말한다. 이들 두 가지 비용은 똑같이 생산비라는 용어로 불리지만, 그 내용은 다르다. 바로 이것이 생산비라는 용어가 가지는 불명확함이다.

『자본론』 제 III 권에 다음과 같은 구절이 있다.

상품에 자본가가 지불하는 것과 상품의 생산 그 자체에 들어가는 것은 물론 두 개의 전혀 다른 크기이다. (『資本論』⑧, 47쪽)

자본가에게 있어서 생산비는 원재료비·감가상각비·임금이며, 이 세 가지 항목의 합계이다. 그리고 상품의 가격에서 이 생산비를 뺀 액수가 자본가의 이익으로 되는데, 그것이 이윤이다. 그러므로 상품의 가격을 구성하는 항목은 생산비(원재료비+감가상각비+임금)+이윤이다.

(여기서 감가상각비라는 것은 생산에 사용된 설비의 감가분을 보상하는 비용으로서, 앞의 마르크스 인용문에 나오는 '도구의 손실분'에 해당한다.)

이렇게 일반적으로 사용되고 있는, 자본가 입장에서의 생산비를 '협의의 생산비'라고 하면, 이 협의의 생산비가 상품가격의 크기의 중심을 결정하는 것(=가치)은 아니다. 왜냐하면 이 협의의 생산비는 가격의 중심점보다 이윤분만큼 작은 것으로 되어 있기 때문이다. 따라서 상품가격=협의의 생산비+이윤이다.

이와 달리 상품생산 그 자체에 들어가는 것(상품의 생산비)은 상품가격의 크기의 중심을 결정하는 것이다. 그런데 지금까지 설명한 협의의 생산비가 주어져 있다면, 가격의 변동은 곧 이윤의 변동이 된다. 그러므로 변동하는 이윤의 평균치(=변동의 중심점)인 '평균이윤'을 생각할 수 있다. (더구나 이윤은 절대액보다는 투입된 비용에 대한 비율이 문제이기 때문에, 생산비에

46

대한 이윤율의 평균을 취한다.) 그렇다면 협의의 생산비에 평균 이윤을 더한 것이 상품가격의 중심을 결정하게 될 것이다.

따라서 협의의 생산비에 '평균이윤'을 더한 것을 '광의의 생산비'라고 하면, 이 '광의의 생산비'가 지금까지 설명한 가격을 결정하는 것으로서의 생산비에 해당한다고 이해해도 좋다고 생각한다. 『임노동과 자본』에서 사용하고 있는 생산비는 바로 이 광의의 생산비이다. 왜 평균이윤이 생산비에 들어가는가라고 물으면, 임금이 생산을 위해 노동자에게 지불되는 비용인 것과 마찬가지로 평균이윤은 생산을 위해 자본가에게 지불되지 않으면 안 되는 비용이라고 말할 수 있기 때문이다.

이런 의미에서 광의의 생산비(협의의 생산비＋평균이윤)가 상품가격의 크기의 중심을 이룬다는 사고는 설득력이 있는 것이어서, 애덤 스미스는 이것을 '자연가격'이라고 부르고 있는가 하면 리카도 역시 이 명제를 받아들이고 있다. 그러나 스미스와 리카도는 이 명제와, 다른 한쪽에 서 있는 노동가치설을 합리적으로 설명하는 데는 실패했다. 합리적으로 설명하기 위해서는 이윤을 창출하는 것 역시 노동이라는 것을 명확하게 할 필요가 있다(마르크스는 이것을 잉여가치라는 개념을 가지고 밝히고 있는데, 이에 관해서는 제5장에서 설명할 것이다).
그뿐만 아니라, 상품에 포함되어 있는 노동량과 광의의 생산비에 포함되어 있는 노동량 사이에 필연적으로 발생하는 불일치 (아쉽지만 이 책에서는 이에 관해서 다루지 않는다)를 합리적으로 설명하지 않으면 안 된다. 마르크스는 『자본론』 제Ⅲ권에서 그것을 잘 설명하고 있는데, 협의의 생산비를 '비용가격', 광의의 생산비를 '생산가격'으로 보다 엄밀하게 정의하고 있다.

이 때문에 『자본론』에서는 생산비라는 용어를 중요한 용어로 사용하지 않고 있다고 할 수 있다. 그렇지만 지금까지 설명했듯이, '생산비'는 노동가치설을 이해하기 쉽게 설명하는 용어로서 중요한 역할을 하고 있다고 생각된다. 상품의 가격을 결정하는 상품의 내실인 가치의 정체는 무엇인가 하고 물을 때, 화폐를 척도로 해서 파악하면 이것은 상품의 생산비이고, 궁극적인 척도인 노동시간으로 파악하면 상품에 포함된 노동의 양이 되는 것이다.

3. 수급관계에 따른 가격의 변동과 가치(생산비)

상품의 가격을 결정하는 내실인 가치가 생산비(=광의의 생산비)라고 생각하면 이해하기가 쉽다고 설명하였다. 그러나 상품의 가격은 수급관계에 따라 크게 변동한다. 그렇다면 가치(생산비)가 가격을 결정한다는 것과 수급관계에 따른 가격의 변동은 상호 어떤 관계가 있을까. 이 점에 대한 마르크스의 생각을 먼저 설명해 보기로 하자. 무엇보다도 『자본론』에서 이 문제에 관해서 일목요연한 설명이 이루어지고 있는 것은 생산가격이 해명된 뒤에 이 문제를 다루고 있기 때문인데, 여기에서는 역시 『임노동과 자본』을 참고로 하면서 설명해 보기로 하겠다.

상품생산 사회(자본주의 사회)에서는 상품생산자(상품생산의 각각의 단위)는 사적인 일로서 상품을 생산하고 있다. 사적인 생산이란 각각 독립적인 상품을 생산한다는 것이기도 하다. 개개의 생산자가 상품에 대한 사회의 수요량을 할당받아서 생산하는 것이 아니기 때문에, 사회에 공급되는 상품의 양이 수요량과 일치하지 않는 것은 당연하다. 상품생산 사회는 상품의 수급 불일치가 일상적인 것이다(더구나 제1장에서 서술한 바와 같이, 생산이 전면적인 상품생산으로 이루어지는 것은 자본주의 생산의 사회이기 때문에 상품생산은 자본주의 생산의 기본적인 특징이다. 그렇기 때문에 상품생산 사회는 자본주의 사회를 상품생산이라는 기본적 특징으로부터 파악한 용어로 사용되고 있다).

그런데 어떤 상품의 공급량(생산량)이 그 상품의 수요량보다 많을 때에는 생산자 쪽에서의 경쟁이 격화되어, 그 상품의 가격은 자꾸 떨어져 생산비(가치)보다 낮아지게 된다. 그렇게 되면 생산자 쪽에 손해가 발생하게 되고 생산자는 상품의 공급(생산량)을 줄이지 않을 수 없다. 이렇게 해서 수요량에 비해 과다했던 공급량이 감소하여 수요공급이 일치하면, 이번에는 거꾸로 공급량이 수요량보다 적어지는 상황이 발생하게 된다. 이런 변화에 따라 그 상품의 가격 역시 그 상품의 생산비(가치)와 일치했다가 다시 생산비(가치)보다 높아지게 된다.

역으로 어떤 상품의 공급량이 수요량보다 적을 때에는, 앞에서 설명한 공급과잉의 경우와는 반대의 움직임이 나타난다. 즉 수요 쪽의 경쟁이 격화되어서 그 상품의 가격은 생산비(가치)보다 높아져 생산자 쪽의 이득이 늘어남으로 해서 생산자가 공급량을 증가시키면 수급은 일치했다가 다시 공급과잉이 일어난다. 이런 변화에 따라 가격도 생산비(가치)와 일치했다가 다시 생산비(가치)보다 낮아지게 된다.

이와 같이 수요공급의 불일치는 생산비(가치)와 가격의 괴리를 불러일으키지만, 이것 자체가 수급을 일치시키는 방향으로 혹은 수급의 불일치에 의해서 가격을 생산비(가치)에 일치시키는 방향으로 상황을 움직여나가는 것이다. 이런 의미에서, 상품의 가치(생산비)는 변동하는 가격의 중심치를 결정하는 것인 동시에 상품의 공급량을 수요량에 맞도록 조절하는 것이다(〈그림 1〉 참조).

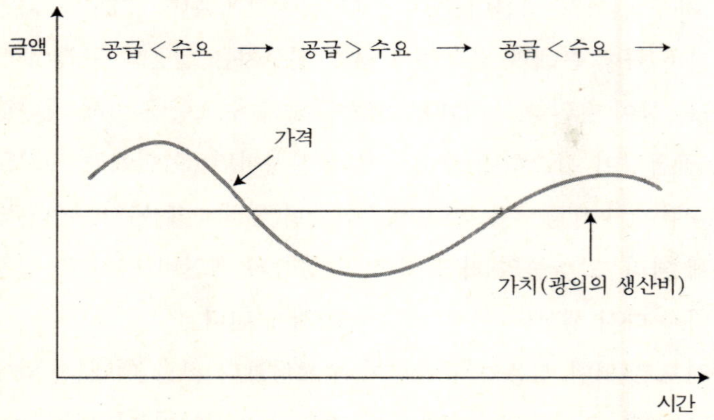

〈그림 1〉 상품의 가격과 가치(광의의 생산비)

이렇게 해서 가격은 가치(생산비)에 끊임없이 접근해 가는 것
이라는 점과 가치(생산비)가 지닌 또 하나의 중요한 역할이 밝
혀졌다. 즉 수요공급의 불일치가 일상적인 상품생산 사회에서
수요에 대응해서 생산을 조절하고 규제하는 것이 가치(생산비)
라는 점이다. 가치란 상품의 생산에 투입된 노동의 양(노동시
간)이기 때문에, 결국 상품생산 사회에서도 생산을 조절하고 규
제하는 것으로서 노동시간 개념을 사용하게 된다.

참고로『임노동과 자본』을 인용해 보겠다.

공급과 수요의 변동은 상품의 가격을 끊임없이 생산비에
접근시킨다. 사실 하나의 상품의 현실가격은 항상 생산비보다
높거나 낮지만, 상승과 하락은 서로 상쇄한다. 따라서 일정 기
간의 산업의 부침을 합산해 보면, 상품은 그 생산비에 따라서
서로 교환되고 그리하여 그 가격은 그 생산비에 의해서 결정
된다. … 오직 이러한 변동과정 속에서 가격이 생산비에 의해
서 결정되는 것이다. 이와 같은 무질서한 운동 전체가 바로
그 질서이다. 이러한 산업적 무정부상태의 과정 내에서, 이
순환운동 속에서, 경쟁이 이른바 한쪽의 지나침을 다른 쪽의
지나침에 의해 평균하는(상쇄하는 — 옮긴이) 것이다. (『賃勞動と
資本 賃金, 價格および利潤』, 46~47쪽)

더구나 이러한 사고방식은 수요곡선과 공급곡선의 교차점에
서 균형가격이 결정된다는 근대경제학의 잘못된 사고방식과 완

전히 다른 것이다. '보론 2. 가격은 정말 수요곡선과 공급곡선
의 교차점에서 결정되는가'를 참조하기 바란다.

4. 왜 노동의 이중성에 대한 이해는 경제학에서 결정적인가

들어가기에서 서술했듯이, 상품에 포함된 노동은 사용가치로서
표시되는 노동(구체적 유용노동)과 가치로서 표시되는 노동(추
상적 인간노동)이라는 이면적 혹은 이중적 성격을 가지고 있다.
그리고 이 점에 대해 마르크스는 다음과 같이 쓰고 있다.

> 상품에 포함된 노동의 이 이면적 성질은 나에 의해 처음으
> 로 비판적으로 지적되었다. 이 점은 경제학을 이해하는 데 결
> 정적인 점이다. (『資本論』 ①, 71쪽)

경제학을 이해하는 데 '결정적인 점'이라는 표현은 '도약점'
'축점(軸点)' '추축(樞軸)' 등으로도 번역되고 있는데, 과연 마
르크스는 어떤 의미에서 이렇게 서술했던 것일까. 이 점의 해석
에 관해서는 몇 가지 설이 있으나, 나는 다음과 같이 파악하고
있다.
즉 마르크스는 노동생산물로서의 상품의 분석에서부터 출발
해서 사용가치와 가치를 명확하게 했으며, 그런 다음 사용가치

와 가치를 분석하고 노동의 이중성을 밝혔다. 노동생산물로서의 상품에 관해서는, 노동에 이르기까지의 분석을 진행함으로써 그 이중성을 파악했는데, 이와 같은 파악을 통해서 상품의 내용(실체)에 관한 분석은 그 기저에 이를 수 있었다. 그리고 나서 이번에는 노동의 이중성에 대한 파악을 '도약점' '축점'으로 해서 화폐, 상품생산의 근거, 이윤, 자본 등의 분석으로 나아갔던 것이다.

상품을 생산하는 노동의 경우, 그때까지만 해도 애매하게 파악되고 있었기 때문에 마르크스의 명확한 분석이 경제학을 이해하는 데 '도약점' '축점'을 제공했다는 것은 충분히 납득할 수 있다.

따라서 노동의 이중성에 관한 파악이 경제학을 이해하는 데 결정적이라는 것은, 곧 이것이 경제학 전개의 기반 혹은 기축, 좌표축이라는 것을 의미한다. 제3장에서부터 설명하겠지만, 사실 마르크스는 화폐(가치형태), 상품생산의 근거(상품의 물신성), 이윤(잉여가치), 자본 등을 해명할 때, 끊임없이 노동의 이중성에 관한 파악으로 되돌아가고 있다.

1) 가치의 형성과 이전을 명확하게 구별할 수 있다

여기서는 상품의 가치를 명료하게 이해하는 데 노동의 이중성의 파악은 반드시 필요하다는 점을 좀더 설명하기로 하겠다.

상품의 가치란 그 상품에 포함되어 있는 노동량이다. 예를 들어 그 상품을 생산하기 위해서 사용된 원자재에 포함되어 있는 가치(노동량)는 어떻게 되는가 하는 점을 생각해 보면, 비록 노동의 이중성이 파악되지 않는다 할지라도 원자재의 가치는 그 상품의 가치에 포함된다는 것을 이해할 수 있다.

빵의 가치를 예로 해서 원자재인 밀가루에 포함되어 있는 가치가 빵에 포함되어 있는지 여부를 한번 생각해 보자. 이 경우, 밀가루를 만든 노동에 빵을 만드는 노동이 덧붙여져서 빵이 생겨나는 것이기 때문에, 빵에는 밀가루를 만든 노동이 포함되어 있거니와 따라서 밀가루의 가치 역시 포함되게 된다.

빵에 포함되어 있는 노동(가치)은 당연히 빵이 완성될 때까지의 모든 노동(가치)이 고려되지 않으면 안 되기 때문에, 앞에서 설명한 것처럼 말하는 것이 옳다.

그런데 밀가루가 원자재라는 말은, 밀가루를 만들 때까지의 노동은 이미 끝나버리고 빵을 만드는 노동이 남아 있다는 뜻이다. 다시 말해 빵은 직접적으로는 빵을 만드는 노동의 산물이라는 것이다. 그래서 빵을 만드는 노동에만 주목해서 밀가루의 가치가 빵의 가치에 포함된다는 사실을 파악해 보면, 빵을 만드는 노동은 그 노동에 의해서 새로운 가치를 창출한다는 것과 밀가루에 포함되어 있는 가치를 빵에 이전시키는 것, 두 가지 역할을 동시에 수행한 것이 된다.

노동의 이중성을 파악하고 있으면, 노동의 이런 두 가지 역할을 명확하게 이해할 수 있다. 즉 밀가루의 가치가 빵으로 이전된다는 것은 밀가루가 빵으로 가공되기 때문인데, 이것은 빵을 만드는 노동의 구체적 유용노동의 측면에서 이루어지고 있다.

그런가 하면 빵을 만드는 노동이 새로운 가치를 창출한다는 것
은 그만큼 새로운 노동시간을 필요로 하는 것이기 때문에, 빵을
만드는 노동의 추상적 인간노동의 측면에서 이루어지고 있는
것이다.

노동의 이중성을 파악하고 있으면 이처럼 분명하게 이해할
수 있지만, 노동의 이중성을 이해하지 못하면 가치의 이전과 가
치의 형성이라는 두 가지 역할을 노동이 동시에 수행한다는 이
문제는 상품가치에 대한 이해를 혼란스럽게 만든다.

그 예로는 노동이 동시에 수행하는 두 가지 역할을 시간적으
로 나누어서 생각하는 경우를 들 수 있다. 빵을 만드는 노동이
만일 1일 8시간이라면, 그 가운데 예컨대 최초의 5시간 동안에
는 밀가루의 가치를 빵에 이전시키고 나머지 3시간으로 새로운
가치를 만든다는 잘못된 사고방식이 생겨나는 것이다. 이런 경
우, 3시간으로 만들어낸 새로운 가치 가운데 만약 2시간분의 가
치로 임금분이 보전되었다면 이윤(잉여가치)은 1시간의 노동으
로 생산되는 것으로 이해하게 된다.

이것은 『자본론』에 소개되어 있는 예이기도 한데, 영국에서
공장법이 1일 노동시간을 11시간 30분으로 정하고 있던 시대에
노동시간을 10시간으로 단축하자는 운동에 대해 경제학자 시니
어는 지금 설명한 식의 이해를 내세우면서 반대했다. 즉 11시간
30분의 노동시간 가운데 마지막 1시간으로 이윤이 생산된다고
계산하면서, 노동시간이 10시간으로 단축되면 이윤이 없어져
경영이 파멸되어 버린다는 것이다(『資本論』 第I卷 第7章 第3節

シーニア, '最後の1時間' 참조).

또한 가치의 이전과 형성을 노동의 이중성에 관한 파악과 결부시켜서 이해하지 않으면 사회에서 1년 동안 생산되는 총생산물의 가치를 파악할 때도 혼란이 일어난다. 즉 연간 총생산물은 그 사회의 그해 총노동으로 생산한 것이기 때문에 연간 총생산물의 가치는 그해 총노동시간이 창출한 가치와 일치한다고 이해하는 것이 바로 그 예이다.

확실히 그해에 새롭게 생산되는 총가치는 오직 그해의 총노동시간(추상적 인간노동)에 의해서만 생산되지만, 이것은 연간 총생산물의 가치보다는 반드시 작아진다. 왜 그런가 하면, 연간 총생산물의 가치에는 총노동(구체적 유용노동)에 의해 이전된 가치(그해에 생산된 생산물의 가치가 중복되어 계산된 부분 및 그해 이전에 생산된 생산물의 가치 이전 부분)도 포함되어 있기 때문이다.

따라서 바로 앞에서 든 이해는 잘못된 예라는 것이다. 애덤 스미스도 이와 같은 오류를 범하고 있었다(『資本論』第II卷 第19章 第3節 '不變資本' 부분 참조).

2) 생산성 향상이 가격에 미치는 영향

또 하나, 들어가기의 (3)-⑥에서 서술한 노동생산성이 향상된 경우에 상품의 가치가 어떻게 되는가 하는 점도 노동의 이중성이 파악되지 않으면 이해하는 데 혼란을 겪는 예이다.

생산성이 향상되어서, 예컨대 이전에 자전거 1대를 생산하는

데 소요되었던 노동시간으로 똑같은 자전거를 2대 생산할 수 있게 되었다고 하자(여기에서의 노동시간은 자전거 공장의 노동시간일 뿐만 아니라, 타이어 등의 원재료·부품 모두를 포함해서 자전거를 만드는 데 걸리는 모든 노동시간을 의미하고 있다고 하자). 가치란 포함되어 있는 노동의 양이라고 알고 있다 하더라도 노동의 이중성을 파악하지 못한다면, 이 자전거의 가치가 어떻게 변화하는가를 이해하고자 할 때 다음과 같이 생각하기 십상이다.

즉 1대의 자전거에는 그 자전거를 만드는 노동이 1대분 포함되어 있기 때문에, 동일한 시간에 자전거 2대를 만들 수 있게 되었다는 것은 2대분의 가치가 창출되었다는 것이고 동일한 시간에 이전보다 2배의 가치가 창출되었다는 것이므로 생산성이 두 배가 되면 동일한 시간에 생산된 가치 역시 두 배가 된다고 말이다.

이런 식의 사고는 가치를 창출하는 노동을 자전거 1대분의 노동이라고 파악하고 있는 것이기 때문에, 구체적 유용노동의 측면에서 바라보고 있는 것이다. 바로 여기에 오류의 근원이 있다. 가치를 창출하는 것은 노동 가운데서 추상적 인간노동이라는 것을 알고 있으면 동일한 노동시간에 창출되는 가치는 생산성이 향상된다 하더라도 변하지 않는다고 생각할 수 있기 때문에, 생산성이 두 배가 되면 개개 상품의 가치는 1/2이 된다고 정확하게 파악할 수 있게 된다.

노동의 이중성을 파악할 수 있으면, 이와 같이 상품의 가치에 대해서도 명확하게 이해할 수 있다. 뿐만 아니라 앞에서 설명했듯이 화폐, 상품생산의 근거, 이윤(잉여가치), 자본 등을 밝힐 때에도 노동의 이중성에 관한 파악이 문제가 된다. 구체적으로 어떻게 문제가 되는지는 이 책을 읽어나가다 보면 알게 될 것이다.

그리고 노동의 이중성에 관한 파악이 경제학을 이해하는 데 결정적인 점이라는, 마르크스가 쓴 문장이 가지는 의미에 대해서, 마르크스는 노동의 이중성을 파악함으로써 잉여가치를 해명할 수 있게 되었다고 보는 해석을 이따금 발견하게 된다. 하지만 이런 식의 해석은 비록 잘못된 것은 아니라 할지라도 협소한 견해라고 생각한다.

3) 추상적 인간노동은 상품생산 사회에 특유한 개념인가

이제 이 절의 마지막 순서로, 상품(사용가치, 가치)과 노동(구체적 유용노동, 추상적 인간노동)의 대략적인 관계를 그림으로 나타내 보기로 하자. 이를 위해서 작성된 것이 〈그림 2〉인데, 참고하기 바란다.

〈그림 2〉에서는 추상적 인간노동을 '사회체제의 기초로서의 생산' 속에 집어넣고 있는데, 이것과 관련해서 한 가지 보충설명을 해야 할 것 같다. 왜냐하면 추상적 인간노동 개념에 대해서는, 그 해석을 둘러싸고 조금 시끄러운 논쟁이 있기 때문이다. 그것에 관한 입장을 먼저 설명해 둘 필요가 있다고 생각한다.

여기서 쟁점이 되고 있는 문제는, 추상적 인간노동이 상품생

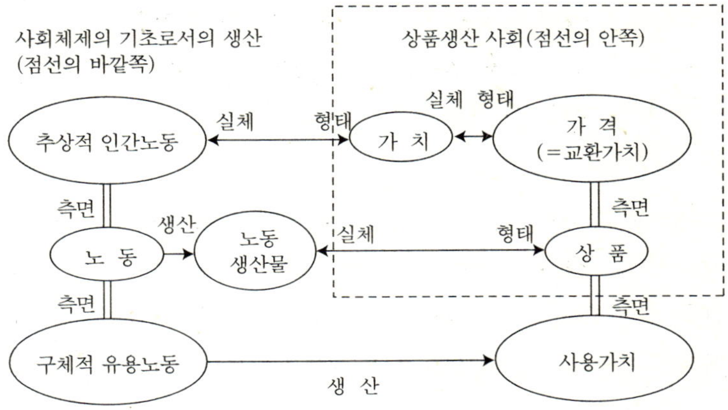

<그림 2> 상품과 노동의 관계

산 사회(자본주의 사회)에 특유한 개념인가 아니면 어떤 사회체제의 생산에도 통용되는 광의의 경제학적 개념인가 하는 문제이다. 조금 전문적이기는 하지만 간단히 설명해 두기로 하자.

『자본론』은 추상적 인간노동에 관해 다음과 같이 쓰고 있다.

생산적 활동의 규정성, 따라서 노동의 유용적 성격을 도외시한다면, 노동에 남는 것은 그것이 인간적 노동력의 지출이라는 점이다. 봉제(縫製)노동과 직조(織造)노동은 질적으로 다른 생산활동임에도 불구하고 둘 다 인간의 두뇌·근육·신경·손 등의 생산적 지출이고, 이런 의미에서 둘 다 인간적 노동이다. (『資本論』①, 75쪽)

모든 노동은 한편으로는 생리학적 의미에서의 인간적 노동력의 지출이고, 동등한 인간적 노동 또는 추상적 인간적 노동이라는 이 속성에서 그것은 상품가치를 형성한다. (『資本論』 ①, 79쪽)

여기에 씌어져 있는 것처럼, 추상적 인간노동이란 "생리학적 의미에서의 인간적 노동력의 지출"이라고 할 수 있는데, 그렇다면 이것은 상품생산 사회에 특유한 것은 아니다. 왜냐하면 어떤 생산조직을 가진 사회이든 그곳에서 노동이 수행되고 있다면 "생리학적 의미에서의 인간적 노동력의 지출"은 당연히 존재하기 때문이다.

『자본론』은 1867년에 출판되었으며, 마르크스는 그보다 8년 전인 1859년에 『경제학비판』을 출판하였다. 노동의 이중성에 대해 마르크스가 "나에 의해 처음으로 비판적으로 지적되었다"라고 『자본론』에서 쓰고 있다는 것은 이미 소개한 바 있는데, "처음으로 비판적으로 지적"했던 것이 이 『경제학비판』에서이다. 이 점을 마르크스 자신이 쓰고 있다. 그러나 『경제학비판』에서는 추상적 인간노동을 명확하게 상품생산 사회에 특유한 개념으로 설명하고 있다. 이에 관한 것을 몇 가지 인용해 보기로 하자.

교환가치로서는, 그것들은 동등하고 무차별한 노동, 즉 노동하는 자의 개성이 말소되어 있는 노동을 나타내고 있다. 그

러므로 교환가치를 창출하는 노동은 추상적·일반적 노동이
다. (『經濟學批判への序說』, 15쪽)

　모든 상품의 교환가치를 그 속에 포함되어 있는 노동시간
으로 측정하기 위해서는 여러 가지 노동 그 자체가 무차별적
이고 일률적이고 단순한 노동으로, 요컨대 질적으로는 동일
하고 따라서 양적으로만 구별되는 노동으로 환원되지 않으면
안 된다.
　이 환원은 한 가지 추상으로 나타나지만, 그러나 그것은 사
회적 생산과정에서 매일 이루어지고 있는 추상이다. … 일반
적인 인간적 노동이라는 이 추상은 어떤 주어진 사회의 각각
의 평균적 개인이 수행하는 평균적 노동, 인간의 근육·신
경·뇌 등과 같은 어떤 일정한 생산적 지출 속에 **실재하고 있**
다. (같은 책, 16쪽)

　자연적인 것을 어떤 형태로 취득하기 위한 합목적적 활동
으로서의 노동은 인간 존재의 자연조건이고, 인간과 자연 사
이의 물질대사이며, 모든 사회적 형태로부터 독립된 하나의
조건이다. 이와 달리 교환가치를 창출하는 노동은 노동의 독
특한 사회적 형태의 하나이다. (같은 책, 22쪽)

　이상으로 『경제학비판』에서 세 개의 문장을 인용해 보았다.
맨 처음 문장은 교환가치를 창출하는 노동이 추상적 일반노동

(=추상적 인간노동)이라고 쓰고 있으며, 두번째 문장은 그 추상은 단지 인식의 작용으로서만 이루어지는 것이 아니라 사회적 생산과정의 작용으로서 행해지고 있다고 말하고 있다. 이것은 수많은 상품교환을 통해서 사회가 추상을 수행하고 있다는 의미이기 때문에, 이 문장은 추상적 인간노동은 상품생산 사회에 특유한 것이라고 말하고 있는 것이다. 세번째 문장은 추상적·일반적 노동을 "노동의 독특한 사회적 형태의 하나"라고 명확하게 서술하고 있다.

이와 같이 『경제학비판』에서는 추상적 인간노동이 상품생산 사회에 특유한 개념이라고 서술하고 있지만, 『자본론』에서는 앞에서 인용한 것과 같은 문장이 있기는 하나 추상적 일반노동이 상품생산 사회에 특유한 개념이라고 분명하게 서술하고 있는 문장은 없는 것으로 생각된다. 마르크스 스스로가 서로 다르게 서술하고 있기 때문에, 논쟁이 제기되고 또 좀처럼 결말이 나기 어려운 것도 도리가 없을지도 모른다.

여기서 논쟁의 경과라든가 논점에 대해 자세히 소개할 수는 없지만, 내가 중요하다고 생각하는 것은 마르크스의 경제학 연구가 『경제학비판』보다 『자본론』 쪽이 더 진전되어 있다는 점이다. 또 이 논쟁에서 실질적으로 주요한 문제는, 대상의 내용 파악에 관한 것이라기보다 '추상적 인간노동'이라는 용어를 어떻게 사용할 것인가 하는 용어의 정의상의 문제에 있다는 점이다.

『경제학비판』을 읽어보면 알겠지만, 이 단계에서는 가치의 개념이 교환가치의 개념과 확실하게 구별되고 있지 않다. 교환가치와 가치의 구별과 연관성이 『자본론』에서처럼 명확하게 정리되어 있지 않은 것으로 보인다. 이런 점은, 『경제학비판』에서 인용한 문장 내에 교환가치를 창출하는 노동을 추상적 인간노동이라고 말하고 있는 부분에서도 드러나고 있다. 『자본론』에서는 교환가치뿐만 아니라 가치를 창출하는 노동이 추상적 인간노동이라고 쓰고 있다.

나의 해석을 결론적으로 말하자면, 『경제학비판』에서 '추상적 인간노동'이라는 용어로 일괄해서 파악되고 있는 내용이 『자본론』에서는 '추상적 인간노동'과 상품에 포함되어 있는 '추상적 인간노동'으로서의 '가치'로 구별되고 있는 것은 아닌가 하는 점이다. 즉 『자본론』의 '추상적 인간노동'은 『경제학비판』의 '추상적 인간노동'보다도 협소하고 한정된 내용(=생리학적인 의미에서의 인간적 노동력의 지출)을 표시하는 용어로 사용되고 있고, 상품생산 사회에 특유한 측면은 그 내용에서 제외됨으로 해서 역으로 그것이 적용될 수 있는 범위는 넓어지면서 광의의 경제학상의 개념으로 되었다고 생각한다.

이와 같은 해석은 특이한 것이라고 생각되기 때문에, 엄밀한 검토와 논증이 필요할 것이다. 하지만 여기서는 일단 이 문제에 관한 나의 견해를 설명하는 선에서 그치기로 하겠다.

| 질문과 대답 |

들어가기에서는 상품교환을 '10kg의 쌀=1개의 시계'라는 등식으로 설명하고 있는데, 10kg의 쌀과 1개의 시계가 동등하다고 판단하는 것은 누구인가. 20kg의 쌀과 1개의 시계가 동등하다고 판단하는 사람도 있지 않을까.

들어가기에서는 다양한 상품교환을 10kg의 쌀=1개의 시계라는 등식으로 대표해서 표현하고 있을 따름이다. 여기서 쌀과 시계의 교환비율은 무수히 반복되는 쌀과 시계의 교환행위 속에서 스스로 결정되어 가는 것이다. 물론 직접적으로는 쌀의 소유자와 시계의 소유자 사이에서 개인간의 거래가 이루어지기 때문에 교환비율을 판단하는 것은 교환의 당사자이지만, 그 판단의 전제로서 쌀과 시계의 교환비율은 이 정도라는 사회적인 수준이 있게 마련이다.

따라서 10kg의 쌀과 1개의 시계가 동등하다고 판단하는 것은 누구인가 하는 물음에 대해 굳이 대답한다면, 그것은 그 교환을 행하는 사회(=그 사회에서 교환에 참가하고 있는 다수의 사람들)가 될 것이다.

그리고 사회가 무엇을 기준으로 교환의 비율을 결정하는가에 대해 말한다면, 그 상품들에 포함되어 있는 노동의 양 이외에 달리 생각할 수 있는 것은 없다고 해야 할 것이다.

상품생산 사회에서는 수없이 많은 상품교환이 다양한 변동폭을 보이면서도 각각 타당한 교환비율의 토대 위에서 이루어지고 있다. 10kg의 쌀=1개의 시계라는 등식은 그 가운데 한 가지 예를 선택해서 전체를 대표적으로 보여준 것에 불과하다. 그렇기 때문에 이 교환비율에 대해서는, 사회적으로 이미 주어지고 있는 비율이라고 이해하는 것이 중요하다.

2 예컨대 10kg의 쌀과 1개의 시계를 교환할 때, 서로 상대방의 상품이 자신에게 가치가 있는 것이기 때문에 그 상품의 가치는 일정한 것이 아니라 각각 다른 것 아닌가.

상대방의 상품, 예를 들어 시계가 자신에게 가치가 있다고 할 때의 가치란 사용가치이다. 들어가기 (2)-② 에서도 설명한 바와 같이, 각각의 상품의 사용가치가 다르기 때문에 상품교환이 이루어지는 것이다. 그러나 10kg의 쌀이 1개의 시계와 교환되는 것이 성립되고 있다는 것은 교환을 하는 양자의 가치가 동등하다는 것이다. 다시 말해 양자의 교환가치(가치)가 똑같다는 것이다.

이 질문의 앞부분에 나오는 "자신에게 가치"에서의 '가치'는 사용가치를 의미하는 것이며, 뒷부분의 "그 상품의 가치는 일정한 것이 아니라"에서의 '가치'는 사용가치와 동시에 교환가치(가치)의 의미도 포함하고 있다. 이런 점에서 용어를 혼란스럽게 사용하고 있다.

상품의 사용가치는 교환의 전제이기는 하지만 가격(교환가치)을 결정하는 것은 아니라는 점을 이해하는 것이 중요하다. 가격

(교환가치)을 결정하는 내실인 가치와 사용가치를 혼동해서는 안 된다.

3 들어가기 (2)-②에서는 교환되는 상품(예를 들어 10kg의 쌀과 1개의 시계)에 관해서 각각의 사용가치는 다르고 사용가치에 공통성은 없다고 설명하고 있는데, 어떤 상품이든 가치를 가지고 있다는 공통성은 있는 것 아닌가. 즉 쌀과 시계에는 그 유용성의 내용은 다를지라도 유용성 일반이 존재하고 있기 때문에, 유용성의 크기의 차이가 가치(가격)의 크기의 차이를 결정한다고 생각할 수는 없는가.

정확하게 모든 상품은 사용가치를 가지고 있다든가 유용하다는 공통성이 있다. 그러나 가령 10kg의 쌀과 1개의 시계를 놓고 그 것들의 유용성을 생각해 보면 알 수 있듯이, 공통적인 유용성이란 어느 것이나 인간에게 유용한 것이라는 점이다. 유용성의 내용이나 정도는 그것들을 사용하는 개개인에 따라 변화한다.

따라서 공통의 유용성은 객관적인 실질을 가진 제3의 것(쌀도 시계도 아닌 것)은 아니다. 들어가기에서는 이 점에 대해 엄밀하게 언급하고 있지는 않지만, 마르크스는 교환을 표현하는 등식에 관해 다음과 같이 쓰고 있다.

이 등식은 무엇을 의미하는가? 동일한 크기의 하나의 공통물이 두 가지 서로 다른 물건 사이에 … 실재한다는 것이다. 따라서 양자는 그 자체로서는 한쪽에 존재하지 않으면 다른 쪽에도 존재하지 않는 제3의 어떤 것과 동일하다. (『資本論』
①, 63쪽)

　　그리고 이 공통물인, 객관적이고 실질적인 제3의 것은 교환되
는 상품에 결정(結晶)되어 있는 노동의 양 이외에 그 어떤 것도
아니라는 것이다.
　　거듭 되풀이하지만, 그 어떤 것이든 상품은 사용가치(유용성)
를 가지고 있다는 공통성이 확실히 있다. 그러나 여기서의 공통성
은 각각의 상품에 따라 서로 다른 고유의 사용가치(예를 들어 시
계는 시간을 측정한다)를 제거한 유용성 일반이다. 이 유용성 일
반은 제3의 것이라고 말할 수도 없을 뿐 아니라, 객관적이고 실질
적인 것도 아니다. 따라서 이 유용성을 제3의 것으로서 상품의 가
격(가치)을 결정하는 근거가 되게 하려면, 그 제3의 것은 상품의
유용성에 대한 인간의 만족도(＝효용) 같은 주관적인 척도가 되지
않을 수 없다. 이것은 과학으로부터 이탈하는 길이다. 그런데 근
대경제학의 미시경제학(한계효용론)이 이 길을 걷고 있다.

4 상품의 가격을 결정하는 내실인 가치는 그 상품에 포함되어 있는
노동의 양이라고 했는데, 각 상품에 포함된 노동의 양을 측정함으
로써 그것을 실증할 수 있는가. 해설에서는 상품의 가치는 광의의 생산
비(협의의 생산비＋평균이윤)라고 생각하면 이해하기 쉽다고 설명하고
있다. 그러나 그렇다면 오히려 '가치는 상품에 포함된 노동의 양'이라고
할 것이 아니라 처음부터 '가치는 광의의 생산비'라고 파악하면 어떤가.

그렇다면 실감나게 파악하기도 힘들고 실증하기도 어려운 노동의 양이라는 개념을 들고 나오지 않고도 다 해결되지 않는가.

확실히 상품의 생산자가 가격을 결정할 때 실제로 기준으로 삼는 것은 상품에 어느 정도의 노동량이 포함되어 있는가를 측정하는 것은 아니다. 오히려 그보다는 제2절에서 설명한 상품의 생산비(광의의 생산비)의 계산이다. 그리고 모든 상품의 가격이 이 생산비에 의해서 결정되고 있다는 것 역시 제2절에서 설명한 바와 같이 비교적 쉽게 실증할 수 있다.

그런데 상품의 가치(가격을 결정하는 내실)를 광의의 생산비라고 파악하면, 그것으로 충분한가 하면 결코 그렇지 않다. 무슨 말인가 하면, 상품의 가치를 생산비로 파악하는 것은 상품생산에 대한 가격 수준(level)의 파악이며 또 이렇게 파악하는 것이 이해하기 쉽고 실증하기 쉬운 것은 사실이지만, 상품생산은 노동 수준에서 파악할 때야말로 그 근본이 해명된다는 것이다.

상품의 가치를 그 상품에 포함되어 있는 노동의 양으로 파악할 때 비로소 다음 장에서 설명하는 바와 같이 화폐와 가격이 왜 발생하고 그 역할이 무엇인지를 이해할 수 있다.

또한 이 점이 중요한데, 상품의 가치를 광의의 생산비로만 파악해서는 이윤의 비밀을 밝혀낼 수가 없다. 왜냐하면 광의의 생산비는 협의의 생산비(원재료비＋감가상각비＋임금)＋평균이윤인데, 이 경우에 평균이윤은 생산을 위해 자본가에게 반드시 지불해야 하는 비용으로서 그 존재가 당연한 전제로 되고 있기 때문이다. 여기에서는 이윤이 왜 발생하는가 하는 근본적인 문제가 해명되지 않은 채로 남아 있게 된다.

그러나 비용(가격) 수준이 아니라 노동 수준에서 생각해 보면, 노동생산물인 상품은 노동생산물인 생산수단(원재료와 설비기계)에 노동이 덧붙여져서 생산된다. 이것을 다시 비용의 관점에서 보면, 생산수단 부분은 원재료비와 감가상각비에 해당되고 노동 부분은 임금과 이윤에 해당된다. 따라서 노동 부분이 왜 임금과 이윤으로 되는가 하는 것이 당연히 문제가 된다. 이 문제는 제5장에서 자세히 설명하기로 하자.

논리학의 용어를 빌려서 설명한다면, 비용(가격) 수준의 논의는 현상형태이고 노동 수준의 논의가 본질이다. 상품의 가격을 결정하는 것에 관해서, 이것을 비용(가격) 수준으로부터 노동 수준으로 좀더 깊이 캐어들어가 분석하고 있는 것이라고 할 수 있다. 그런데 보다 근본적이고 보다 본질적인 것을 분석하는 것은 과학적인 분석방법으로서 특별한 것은 아니다. 예를 들어 화학에서 '물'에 대해서 이해할 때, 물체 수준에서 액체(기체·고체)로서의 물의 모든 성질을 파악하는 동시에 그것을 더욱더 깊이 이해하기 위해서 분자 수준에서 H_2O로서의 물에 대해서 파악하는 것이 필요하다.

먼저 가격 수준의 파악이 아니라 노동 수준의 파악이 필요하다는 점을 설명했다. 나아가 질문에서는 '상품의 가치가 그 상품에 포함된 노동의 양이라는 것을 노동의 양을 측정함으로써 실증할 수 있는가' 하고 묻고 있다.

여기서 우선 대답하고 싶은 것은 '가치' 도출 논리의 완전성이라는 점이다. 노동생산물인 상품의 교환이 안정된 교환비율로 성립해 있는 것은 교환되는 상품이 등가(等價)이기 때문이다. 교환의 이 등가성을 문제로 삼을 경우, 등가인지 그렇지 않은지 여부를 측정하는 기준은 상품에 포함된 노동밖에는 없다. 따라서 '상품의 가치는 그 상품에 포함된 노동의 양'이라고 들어가기 (1)과 (2)에서 설명한 상품가치의 도출 논리는 논리로서 완전하다. 말하자면 수학에서 말하는 '필요충분조건'을 충족시키는 논리이기 때문에 이 점에 대해서 실제로 증명할 필요는 없다.

역으로 말하자면, 마르크스는 노동생산물로서의 상품이 서로 헤아릴 수 없이 많이 교환되도록 되어 있는 현실은 당연히 등가교환이라는 원리를 축으로 해서 성립해 있을 것이라고 생각하고 상품생산 사회의 구조를 이 등가교환의 원리를 축으로 해서 해명하고 있는 것이다.

왜 등가교환이라는 원리가 축이 되는지를 설명하자면, 예를 들어 8시간 노동의 생산물 A와 3시간 노동의 생산물 B가 교환된다는 것은 생산물 A의 생산자가 손해를 보고 생산물 B의 생산자가 이득을 본다는 것이다. 따라서 생산물 A와 생산물 B의 생산에 대한 참여가 상호간에 자유롭게 이루어지고 있는 한, 이와 같은 부등가교환이 **언제나** 성립하는 것은 아니라는 것이다.

실질적인 교환에는 물론 부등가교환도 포함되기 때문에 실제의 교환이 평균적으로 등가교환인지 아닌지, 혹은 등가교환이 원리로서 작용하고 있는지 그렇지 않은지 하는 것은 통계적으로 실증해 볼 만한 의의가 있다.

그러나 이 점과 관련해서는, 처음에 설명한 바와 같이 가격은 광의의 생산비로 결정된다는 명제는 용이하게 실증될 수 있다. 그런데 제2절에서 설명했듯이 '광의의 생산비'와 '상품에 포함되어 있는 노동의 양'은 거의 동일하다. 따라서 가격은 광의의 생산비로 결정된다는 명제가 실증되고 있다면, 가격은 상품에 포함된 노동의 양으로 결정된다는 명제도 실증되고 있는 셈이다.

물론 모든 상품 그 자체에 포함된 노동의 양을 계산하고 제2절에서 언급한 광의의 생산비에 포함되어 있는 노동의 양과의 불일치를 보완해서 그 결과와 상품의 가격을 비교함으로써 이 명제를 직접적으로 실증할 수도 있지만 반드시 그렇게까지 할 필요는 없다.

제3장 화폐란 무엇인가,
또 가치는 왜 가격으로 되는가

| 들어가기 |

화폐란 무엇인가, 또 가치는 왜 가격으로 되는가

화폐란 무엇인가 하는 질문을 받으면, 쉽게 1천원권이나 1만원권 같은 지폐를 떠올릴 수는 있다. 하지만 이것만으로는, 그 지폐를 가지고 왜 상품을 살 수 있는지 그리고 또 도대체 화폐가 왜 존재하게 되었는지 하는 것은 이해할 수가 없다.

앞장에서 상품가격의 크기의 중심을 결정하는 그 상품의 내실을 가치라고 부르며, 가치는 그 상품에 포함된 노동의 양이라는 점을 밝혔다. 그렇다면 이번에는 그 가치가 어떻게 해서 가격으로 표현되게 되는지가 문제이다.

(1) 모든 상품의 가치는 임의의 동일한 상품의 양에 의해 통일적으로 표현될 수 있다

① 단순한 상품교환 속에, 한쪽 상품의 가치가 다른 쪽 상품에 의해서 표현되는 관계가 눈에 보이지 않는 형태로 이미 존재하고 있다.

이미 설명했듯이, 상품교환은 10kg의 쌀=1개의 시계라는 등식으로 표현된다. 앞장의 분석에서, 등식이 성립한다는 것은 곧 이 양변에 공통적인 제3의 것이 존재한다는 것이며 이로부터 가치가 상품에 포함된 노동의 양이라는 것을 도출하였다. 그러면 이번에는 다른 각도에서 이 등식을 고찰해 보기로 하자.

그렇다면 이 등식에는 10kg의 쌀은 1개의 시계와 동일한 가치가 있다는 관계와 아울러, 1개의 시계는 10kg의 쌀과 동일한 가치가 있다는 두 가지 관계가 포함되어 있음을 알 수 있다. 이 두 가지 관계는 10kg의 쌀[4]과 1개의 시계가 각각 반대의 역할을 하고 있다는 것으로서, 명확하게 다르다.

그래서 전자를

10kg의 쌀＝1개의 시계

후자를

1개의 시계＝10kg의 쌀

이라는 등식으로 구별해서 표현하기로 한다. 요컨대 등식의 좌변과 우변을 구별하는 것이다.

먼저 1개의 시계＝10kg의 쌀에 대해서 살펴보자.

---

4) 원본에는 '10kg의 시계'라고 되어 있으나, 이것은 '10kg의 쌀'의 오자인 것으로 보인다─옮긴이.

　이 등식은 1개의 시계가 10kg의 쌀과 같은 가치가 있다는 것이다. 1개의 시계, 즉 10kg의 쌀에 해당하는 가치를 지닌 시계의 내실이 앞장에서 서술한 바와 같이 가치이기 때문에, 우선 이 등식은 1개의 시계의 '가치'가 10kg의 쌀의 가치와 같다는 것이다. 또한 1개의 시계와 같은 가치를 갖는 10kg의 쌀은 물론 유용물(사용가치)로서의 쌀이다. 따라서 이 등식은 엄밀히 말하면 1개의 시계의 가치는 10kg의 쌀의 사용가치에 상당하다는 것이다. 다시 말해 1개의 시계의 가치가 10kg의 쌀의 사용가치로 표현되고 있다는 것이다.

　요컨대 비감각적이고 눈에 보이지 않는 추상적인 가치가 감각적이고 눈에 보이는 구체적인 사용가치에 의해 표현되고 있는 것이다. 또한 추상적 인간노동이 구체적 유용노동에 의해 표현되고 있는 것이기도 하다.

　나아가 상품의 내부에 있는 비감각적이고 추상적인 가치가 외부에 있는 다른 상품의 감각적이고 구체적인 사용가치로 표현되고 있다는 것은 가치가 가치형태(가치의 표현형태)를 가지고 있다는 것인데, 이 등식으로 말하자면 1개의 시계의 가치는 10kg의 쌀이라는 사용가치와 동일하다는 가치형태를 지니고 있다는 것이다.

　더구나 1개의 시계의 가치는 다른 상품으로밖에, 즉 오직 상대적으로밖에 표현되지 않는다. 왜냐하면 1개의 시계=1개의 시계로, 다시 말해 1개의 시계는 1개의 시계에 상당하다는 식으로 가치는 표현되지 않기 때문이다.

② 1개의 시계＝10kg의 쌀에서는 쌀에 의해서 1개의 시계의 가치가 표현되고 있기 때문에 마찬가지로 모든 상품의 가치를 쌀의 양에 의해서 표현할 수 있다. 예를 들어 1대의 텔레비전＝200kg의 쌀, 1벌의 윗도리＝100kg의 쌀, 1켤레의 구두＝8kg의 쌀, 3송이의 포도＝1kg의 쌀… 등으로 말이다.

(2) 모든 상품의 교환은 모든 상품의 가치를 통일적으로 표현하는 상품이 매개함으로써 비로소 사회적으로 광범위하게 발전한다

① 물물교환에서는 A씨가 상품 a(엄밀하게는 상품이라고 말할 수 없는 단계이지만)를, B씨가 상품 b를 가지고 있을 때 A씨가 상품 b를, 그와 동시에 B씨가 상품 a를 바란다는 우연의 일치가 일어남으로 해서 비로소 A씨의 상품 a와 B씨의 상품 b의 교환이 성립한다. 따라서 교환은 당연히 좁은 범위에서만 이루어지며 그 발전 역시 제한을 받는다.

② 이 한계를 극복하기 위해서는 각자가 자기의 상품을 먼저 모든 상품의 가치를 통일적으로 표현하는 상품(앞의 (1)의 예에서의 '쌀')으로 교환하고, 그 다음에 그 상품('쌀')을 자기가 구하고자 하는 상품으로 교환하면 된다.

③ 모든 상품의 가치를 통일적으로 표현하는 상품이, 다음의 (3)에서 설명하듯이 화폐가 되는데, 화폐가 사용되면 물물교환은 드

물게 이루어지게 마련이다.

(3) 모든 상품의 가치를 통일적으로 표현하면서 상품교환을 매개하는 상품으로 사람들에 의해 최종적으로 선택된 상품은 '금'이며 이것이 본래의 화폐이다

① 역사적으로 모든 상품의 가치를 통일적으로 표현하면서 상품교환을 매개하는 상품으로는 여러 가지 상품이 사용되어 왔다. 처음 한동안은 재화(생산물)의 주요한 요소인 운반이 가능한 것이나 가장 중요한 외래(수입)물품들 가운데서 선택되었다. 이런 상품들이 화폐의 전신(前身)이다.

그러나 상품교환이 하나의 지역을 뛰어넘어서 발전함에 따라, 모든 상품의 가치를 통일적으로 표현하는 상품으로서 가장 적합한 속성을 지닌 상품, 즉 귀금속(금ㆍ은ㆍ구리ㆍ백금)이 선택되기에 이르렀다.

가치는 추상적 인간노동의 결정(結晶)이고 질적으로는 동일하면서 양적인 차이만 있기 때문에 가치를 표현하는 데는 균일한 질을 가지고 있으면서도 마음대로 쪼갤 수 있는 귀금속이 적합했던 때문이다. 특히 금이나 은은 생산을 하는 데 많은 노동이 들어가기 때문에 적은 양으로도 큰 가치를 표현할 수 있다는 점에서 가장 적합하다고 할 수 있다.

② 금이 선택되어 화폐로 사용되는 것이 사회적으로 정착되면,

금(=화폐)으로 모든 상품을 구입할 수 있는 것이 금이 화폐 그 자체인 데서 나아가 금이 원래 가지고 있는 자연적인 성질(반짝반짝 빛나는 귀금속으로서의 성질 같은 것)에서 비롯되는 것처럼 생각하게 된다.

그 이유는, 역사적으로 금이 화폐로서 선택되어 온 과정이 시간이 흐르면서 그 자취를 감출 뿐만 아니라 모든 상품의 가치가 금에 의해 통일적으로 표현되고 있는 (혹은 금이 모든 상품의 가치를 통일적으로 표현하고 있는) 관계가 사람들 눈에는 보이지 않게 되기 때문이다. 그렇지만 바로 이런 관계가 있기 때문에야말로 금은 화폐로 사용되고 있는 것이다.

(4) 상품의 가격이란 화폐(=금)의 양으로 표현되는 그 상품의 가치이다

① 예를 들어 1개의 시계=1g의 금, 1벌의 윗도리=10g의 금 등이 만약 성립한다면, 이 금들의 양이 가격이다. 즉 1개의 시계의 가격이 '1g'이고, 윗도리 한 벌의 가격이 '10g'이다.

이 예에서와 같이, 가격에는 금의 양(중량)을 측정하기 위한 단위(도량표준)가 반드시 필요하다. 그리고 그 단위의 명칭이 화폐(가격)의 명칭이기도 했으며, 일반적으로는 화폐가 성립할 때 그 나라에서 실제로 사용되고 있던 중량의 단위가 화폐(가격)의 단위가 되기도 했다.

앞의 예에서는 이해하기 쉽게 하기 위해서 금의 중량을 측정하

는 단위로 미터법의 그램을 사용하였지만, 화폐는 미터법이 제정
되기 전에 성립되었기 때문에 그램이 화폐의 명칭이었던 것은 아
니다.

② 영국 화폐(가격)의 명칭인 파운드는 현재에도 중량 단위의 명
칭이기도 하다. 그러나 실제로 금이 화폐로 사용되던 시대에도 1
파운드(가격) 금의 중량은 수십분의 일 파운드(무게)였다. 무슨
말인가 하면, 영국에서는 금이 화폐로서의 지위를 확립하기 전까
지는 은이 화폐로 사용되고 있었는데 그 당시에는 은의 무게 1파
운드가 가격 1파운드였으며 무게 단위로서의 파운드와 가격 단
위(은의 무게 단위)로서의 파운드가 일치했다.
　그러나 은보다 확실히 가치가 큰 금이 은을 몰아내고 화폐의
지위를 획득하자, 은과 금의 가치비율을 근거로 해서 무게로는
수십분의 일 파운드의 금이 가격 1파운드가 되었던 것이다.

(5) 상품의 가치는 가격에 의해 표현되지만, 가격은 그 가치로부터
양적으로 이탈할 가능성과 필연성을 지니고 있다. 그리고 가치와
가격의 괴리 및 견인에 의해 상품의 수급이 조절된다. 또 가격은
가치로부터 이탈할 수 있을 뿐만 아니라, 화폐와 가격이 성립하면
가치를 지니지 않은 것(=노동을 포함하고 있지 않은 것)에도 가격
을 붙일 수 있게 된다

① 상품의 가치는 그것과 동일한 가치를 가진 화폐(금)와 교환되

고 그 화폐의 양에 의해 가격으로 표현된다. 상품 안에 있는 가치가 밖에 있는 화폐의 양(가격)으로 되는 것인데, 이것은 상품과 화폐의 교환에 의해서 그렇게 되는 것이다. 또 그 교환이 등가교환일 때, 가격은 가치에 엄밀하게 대응한다.

그러나 개개의 실질적인 교환은 그 상품 내에 있는 가치뿐만 아니라 수급상황 같은 그 상품을 둘러싼 외적인 사정에도 좌우되기 때문에, 당연히 등가교환에서 벗어날 때도 있다. 따라서 가격은 상품 안에 있는 가치의 양에 엄밀하게 대응하는 것이라기보다 오히려 가치로부터 이탈할 가능성을 항상 지니고 있다.

② 상품의 가격은 수급 불일치에 의해서 변동하고 가치로부터 아래위로 떨어지게 되지만, 이와 같은 가치와 가격의 괴리는 수요공급을 일치시키는 방향으로 작용할 뿐 아니라 또 이것이 가격을 가치로 끌어당기는 작용을 한다. 이렇게 해서 상품생산 사회에 필연적인 수요공급의 불일치는 가격의 가치로부터의 괴리와 견인에 의해서 조절된다. 더 상세한 내용은 앞장의 제3절 '수급관계에 따른 가격의 변동과 가치(생산비)'를 참조하기 바란다.

③ 화폐가 성립하면, 원래 가치를 지니지 않은 것(노동생산물이 아닌 것)도 교환이 되고 이것들에도 가격을 붙일 수 있게 된다. 따라서 골동품·예술품·토지 등에도 가격이 붙여져 화폐로 사고 팔게 되고 이것들도 넓은 의미에서 상품이 된다.

이 상품들의 가격은, 그 자체 내에 가치가 없기 때문에 가치에 의해서 결정되지 않고 각각의 독자적인 사정과 법칙으로 결정된다.

(6) 원래의 화폐는 금(가치물＝가치를 가진 물질)이고 상품의 등가물(＝상품과 똑같은 가치를 가진 물질)이었다. 그러나 화폐의 성립을 기초로 해서 생겨난 주화는 가격의 칭호로서 유통되었으며 반드시 상품의 등가물은 아니게 되었다. 또한 오늘날의 지폐인 중앙은행권은 금의 대용물로서 생겨났지만, 오래지 않아 금의 대용물로서의 지위를 상실하여 지폐 자체는 가치물도 상품의 등가물도 아니게 되었다

① 모든 상품에 가격이 매겨져 있다는 것은 모든 상품의 가치가 화폐(금)의 양에 의해 표현되고 있다는 것이고, 결국 여기에서 화폐는 상품의 가치척도로서 기능하고 있는 것이다. 이 경우에 상품은 현실적으로 판매되지 않더라도 가격은 매겨져 있는 것이기 때문에, 화폐는 단순히 상상된 것, 관념적인 것에 불과하다.
　그렇지만 화폐가 현실적으로 상품의 유통에 쓸모 있기 위해서는, 즉 유통수단으로서의 기능을 하기 위해서는 화폐(금)가 실제로 사용되지 않으면 안 된다.
　그리고 유통수단으로서의 기능을 향상시키기 위해서는 동일 중량(＝동일 가격)의 금괴가 다량으로 필요하며, 국가는 주화(coin)를 만들어서 이것을 보장하게 된다. 게다가 동일 중량의 주화가 유통되면, 상품의 가격은 금의 무게가 아니라 주화의 개수

로 표시되게 된다.

　그런데 주화는 유통되는 과정에서 마모되기 때문에, 그 주화에 포함되어 있는 금의 양(실질 순도)과 그것이 지칭하는 금의 양(가격명, 명목 순도)이 괴리되어 달라지게 된다. 이리하여 주화는 그것이 나타내는 가격을 가진 상품의 등가물이 아니게 되었고, 더욱이 국가가 만들어내는 저질 주화(순도의 평가절하)는 이러한 간극을 더욱 벌어지게 했다.

　② 금 주화가 그 실질 순도(가치)와 크게 괴리된 칭호(가격명, 명목 순도)를 가지고 유통될 수 있다는 것은 이제 주화를 금 이외의 재료를 사용해서 만든 간단한 칭호(가격명, 상징, 기호)로 유통시킬 수 있음을 의미한다. 따라서 은화, 동화 같은 주화뿐 아니라 국가에 의해서 그 통용력이 부여된 국가지폐가 생겨난다. 지폐에는 그것이 간단한 칭호(가격명, 상징, 기호)라는 것이 분명하게 드러나고 있다.

　그러면 금이 왜 그 금의 간단한 칭호인 가치물로 대체되지 않고 지폐로 대체되는가. 그것은 유통수단 역할을 할 때의 화폐는 이 사람에게서 저 사람으로 끊임없이 옮겨가는 것이므로, 한 사람의 입장에서 보면 순간적인 존재에 불과하기 때문이다. 즉 화폐가 상징적·기호적인 것이라 해도 그 역할을 충분히 해낼 수 있기 때문이다(상품교환·상품유통에서는 A상품이 어떤 양의 화폐와 교환되고, 건네받은 이 화폐는 B상품 등과 교환된다. 이 과정에서 화폐는 금방 사라지는 순간적인 존재이다).

③ 어떤 사회의 상품유통의 양(=총액)은 그 사회의 상품생산물의 가격총액에 의해 한정되어서 일정 범위의 양으로 되는데, 이때 상품유통의 양은 일정량의 화폐를 필요로 한다. 화폐는 유통수단으로서는 몇 번씩이고 그 역할을 할 수 있기 때문에, 일정한 시기에 화폐가 유통되는 횟수(이것을 화폐의 '유통속도'라고 부른다)가 주어지면 화폐의 필요량이 결정된다.

노동생산물이자 그 자체에 가치가 내재해 있는 금이나 은의 경우에는 이 필요량만이 화폐로 되었고, 필요량을 초과해서 공급되는 화폐는 주궤(鑄潰)[5]로서 다른 용도로 사용되거나 비축되었다.

그러나 그 자체에 가치가 없이 간단한 칭호에 불과한 지폐는 오직 유통과정 속에서만 원래의 용도가 있기 때문에, 필요량 이상으로 발행된다 할지라도 여전히 화폐로서 유통되고 사용된다.

그런데 화폐가 필요량 이상으로 유통에 흡수된다 하더라도 본래의 화폐(=금)의 필요량이 증가하는 것은 아니기 때문에, 이 경우 지폐의 칭호를 나타내는 금의 양은 필요량을 초과해서 흡수된 지폐의 양에 대응해서 감소하게 된다. 요컨대 동일한 지폐로 구입할 수 있는 상품의 양이 감소하게 된다. 즉 상품의 가격이 상승하게 되는 것이다. 이것이 본래의 인플레이션이다.

④ 오늘날 사용되고 있는 일본의 화폐는 국가지폐가 아니라 일본은행권(중앙은행권)이다. 은행권은 일종의 신용화폐(어음)이

---

5) 주궤(鑄潰)는 금속 기물을 녹여서 만든 지금(地金)을 말한다—옮긴이.

며 이 신용화폐는 화폐의 지불수단으로서의 기능으로부터 발생한다.

상품유통이 발전함에 따라, 상품의 외상판매·외상구매(상품의 거래와 화폐의 거래가 시간적으로 분리되는 것)가 발생하게 된다. 이때 판매하는 사람은 채권자, 구매하는 사람은 채무자가 되고, 화폐는 상품의 유통을 위해 사용되는 것이라기보다 지불하기 위해 사용되는 지불수단이 된다. 그리고 지불하기로 한 약속증서(어음)가 화폐를 대신해서 유통된다. 이것이 신용화폐이고, 은행이 이 유통을 매개(어음을 할인)한다.

은행권은 이것을 은행에 건네주면 누구에게든 화폐(금화)를 지불한다는, 은행이 발행하는 약속증서(이것을 지참한 사람에게 즉시 일괄적으로 지불하는 어음, 신용화폐)로서, 말하자면 은행이 보장하는 금화(＝금)의 대용물이다. 처음에는 액수가 큰 약속증서가 상인들 사이에서 사용되다가 액수가 작은 것이 일반적으로 사용되게 되었으며, 나아가 국가가 중앙은행권을 법정 지불수단(이것으로 지불하면 금화로 지불하지 않아도 된다)으로 삼게 되었다.

오늘날의 일본은행권은 금과의 교환이 이루어지고 있지 않기 때문에, 그 유통 근거는 ②에서 설명한 국가지폐와 동일하다. 또 이것이 상품유통에 필요한 양 이상으로 증가 발행될 경우에는 ③에서 서술한 것처럼 인플레이션을 초래하는 것도 마찬가지이다.

화폐란 무엇인가,
또 가치는 왜 가격으로 되는가

1. 가치가 가격으로 표현된다는 논리에 대하여

제1장에서는 "상품이란 무엇인가" 하는 물음에 대해 "상품은 사용가치와 교환가치를 가진 생산물"이라고 대답할 수 있었다. 그런데 여기서 교환가치라는 용어를 사용하고 있는 것은 화폐와 가격의 개념이 밝혀지지 않은 단계이기 때문이고, 또 교환가치란 실제로는 가격 그 자체라는 점을 매우 강조해서 설명하였다. 제2장에서는 상품의 가격(교환가치) 크기의 중심을 결정하는 상품의 내실을 가치라고 부르고, 그 가치는 상품에 포함된 노동의 양이라는 것을 명확히 하였다.

이제 제3장에서 중요한 것은 가치가 가격으로 표현된다는 것, 그리고 특정 상품이 화폐로 되는 것과 상품교환의 발전이 가져다 주는 동일한 내용은 마치 동전의 앞뒷면과 같은 것임을 이해하는 것이다. 다시 말해서 1개의 시계를 10kg의 쌀과 교환하는 것과 같은 단순한 상품교환 속에 가격과 화폐의 비밀(=핵심)이 숨겨져 있다는 것을 아는 것이고, 따라서 상품교환이 발전하면 필연적으로 가격과 화폐가 성립한다는 것을 논리적으로 파악하는 것이다.

마르크스는 다음과 같이 서술하고 있다.

다른 것은 전혀 알지 못한다 하더라도 모든 상품이 그것들의 사용가치의 다양하면서도 잡다한 자연형태와는 매우 뚜렷하게 구별되는 하나의 공통된 가치형태, 즉 화폐형태를 취하고 있다는 것은 누구나 다 알고 있다. 그러나 지금 여기에서 완수하지 않으면 안 되는 것은 부르주아 경제학이 결코 시도해 본 적이 없었던 것, 즉 화폐형태의 발생을 입증하는 것이다. 다시 말하면 모든 상품의 가치관계에 포함되어 있는 가치표현의 발전을 그 가장 간단하고 가장 눈에 띄지 않는 모습에서부터 아주 현란한 화폐형태에 이르기까지를 추적하는 것이다. 이로써 화폐의 수수께끼도 함께 풀 수 있을 것이다. (『資本論』①, 82쪽)

여기서 누구나 다 알고 있다는, 모든 상품이 가지고 있는 "하나의 공통된 가치형태, 즉 화폐형태"는 가격을 말하는 것이다. 상품이 가격을 가지고 있다는 것을 모르는 사람은 아무도 없다는 것이다. 가격이 왜 발생했는지를 이해하면, '화폐의 수수께끼'(화폐는 왜 존재하고 상품을 왜 구매할 수 있는가)도 동시에 알게 된다는 것이다. 그리고 마르크스는 이 문제를 처음으로 제기하고 해결했던 것이다.

1) 가치표현과 논리적으로 유사했던 '무게'의 표현에 대하여

이 문제를 해결하는 실마리는 이미 들어가기에서 설명했으므로, 여기에서는 그 이해를 돕기 위해서 가치가 가격으로 표현되는 관계와 논리적으로 유사한 사례를 제시해 보고자 한다. 그것은 다름아니라 '무게'가 미터법의 그램이나 척관법의 관(貫)·돈 등으로 표현되는 문제이다.

모든 물체에는 무게가 있다. 미터법이 보급된 오늘날에는 가령 이 볼펜은 10g이라든가, 체중은 60kg 식으로 표현하지만, 내가 어린아이였을 때는 아직 척관법이 사용되고 있어서 쇠고기 200돈('돈쭝'이라고도 불렀다), 몸무게 16관 하는 식으로 표현하곤 했다.

그런데 물체의 무게는 가치와 달라서 그 물체를 들어올려 보면 그 크기를 느낄 수 있지만, 추상적인 양이라는 점에서는 가치와 동일하다. 그렇기 때문에 무게의 양을 표현하는 데는 표준이 되는 구체적인 물체를 사용할 수밖에 없다. 그것이 가능한 것은 역시 단순한 등식이 성립하기 때문이다.

미터법에서 1g이란 물 1cm^3(=1cc)의 무게이기 때문에, 무게는 구체적인 물의 부피에 의해 표현되고 있다(엄밀하게는 부피가 가장 작은 약 4°C의 물의 부피이고, 실제로는 국제 킬로그램 원기原器가 기준이 되고 있다). 볼펜이 10g이라고 할 때는 다음과 같은 등식이 성립하게 된다.

1자루의 볼펜 ＝ 10cc의 물

좌변의 1자루의 볼펜의 무게가 우변의 물이라는 구체적인 물체의 양(10cc)으로 표현되고 있다. 마찬가지로 체중 60kg은 물 60,000cc(=60ℓ)의 무게라는 것이다.

미터법의 경우, 무게를 측정하거나 혹은 무게의 단위가 되는 구체적인 물체로서 물[水]이 선택된 것은 자연과 생활에서의 물의 위치나 물의 성질 등을 고려해 보면 당연할 터이지만, 무게의 단위가 되는 구체적인 물체가 물이 아니어도 상관없음은 분명하다.

그러면 척관법의 경우는 어떨까. 1돈은 엽전 1개의 무게(一文錢, 약 3.75g)이고, '돈'은 곧 돈쭝이라고 생각할 수 있다(돈쭝은 분량·중량 등 양을 의미하는 단어). 또한 1관은 엽전 1,000개의 무게이다. 엽전은 당(唐)나라 통화인 개원통보(開元通寶)를 모델로 하고 있다. 일본은 당시 선진국이던 중국에서 다량의 통화를 수입해서 사용했기 때문에, 통화가 무게를 측정하는 단위가 되고 거꾸로 가격 명칭에서 중량의 명칭이 유래하는 일이 발생했던 것이다.

들어가기에서 설명했듯이, 자기 나라에서 화폐를 만들어냈던 영국에서는 가격 명칭인 파운드가 중량의 명칭 파운드로부터 유래했으나, 후진국이었던 일본에서는 이 관계가 역전되어 있는 것이다. 그런데 1냥 고반(小判)[6]의 '냥(兩)'은 원래는 무게의 단

---

6) 고반(小判)은 덴쇼(天正, 1573~92년의 연호) 시대부터 에도(江戶) 시대에 걸쳐 만든 타원형의 금화를 말한다—옮긴이.

위로서 10돈을 나타내는 것이었기 때문에, 이 경우에는 일본에서도 중량 명칭에서 가격 명칭이 유래한 것이라고 할 수 있다.

무게를 측정하는 구체적인 물체로, 미터법의 경우에는 '물'이 그리고 척관법은 '엽전'이 사용되었다고 설명했는데, 예를 들어 슬롯머신의 구슬 개수로도 물체의 무게는 나타낼 수 있다. 이 사과 1개의 무게는 슬롯머신의 구슬 50개, 이 책의 무게는 슬롯머신 구슬 100개…라는 식으로 말이다. 이와 같이 '물'이라든가 '엽전' 혹은 '슬롯머신의 구슬'로 무게를 나타낼 수 있다.

그것이 가능한 원리는, 이미 서술한 바와 같이 두 물체의 무게가 동일한 경우(저울에 올려놓았을 때 균형을 이루는 경우)에 한쪽 물체의 무게가 다른 쪽 물체의 양에 의해 표현되는 관계가 성립하기 때문이다. 따라서 이 책 1권의 무게가 2개의 사과와 균형을 이룰 경우에는 이 책 1권의 무게가 2개의 사과로 표현되고 있다고 생각할 수 있다.

들어가기에서는 1개의 시계가 10kg의 쌀과 등가로 교환되는 관계가 성립할 경우 1개의 시계의 가치가 10kg의 쌀로 표현되고 있다고 설명했는데, 이것은 책 1권의 무게가 2개의 사과로 표현되고 있다는 것과 똑같은 논리이다.

2) 가치나 무게 표현의 '우회로(迂廻路)'에 대하여

그렇다면 이 '표현'의 논리에 대해 좀더 깊이 따져들어가 보기로 하자. 예를 들어 일정한 양의 쇠고기와 엽전 200개의 무게가 동일하고, 쇠고기의 무게가 엽전 200개로 표현되고 있다고 하

자. 이 예를 쇠고기를 주체로 해서 바꾸어 말하면, 쇠고기는 스스로의 무게를 엽전 200개로 표현하고 있는 것이다. 이 경우, 두 가지 일이 동시에 행해지고 있다.

한 가지는, 쇠고기가 스스로의 무게를 엽전 200개와 같다고 함으로써 엽전(200개)이 무게를 가진 것이라는 한 가지 사실을 나타내고 있으며 엽전(200개)이 무게를 표현하는 것으로 변화하고 있다는 점이다. 요컨대 엽전은 원래는 통화이면서 가격을 나타내는 것으로 사용되어 왔는데, 여기서는 무게의 표현수단, 무게의 단위로 변화되고 있다. 이 점을 이해하는 것이 중요하다.

또 한 가지는, 무게의 표현수단으로 변화한 엽전 200개에 의해서 쇠고기가 스스로의 무게를 표현하고 있다는 점이다. 무게의 표현수단으로 변화한 엽전을 주체로 해서 바꾸어 말하면, 엽전 200개가 쇠고기의 무게를 표현한다 혹은 엽전 200개에 의해서 쇠고기의 무게가 표현되고 있다로 된다.

이들 두 가지 사실은 시간적으로는 동시에 행해지고 있지만, 논리적으로는 전자가 후자를 선행하고 있다. 이 예는 무게의 표현이지만, 1개의 시계의 가치가 10kg의 쌀의 사용가치로 표현되는 경우에도 동일한 논리가 성립한다. 마르크스는 이것을 가치표현의 '우회로'라고 부르고 있다.

또한 마르크스는 상품 A와 상품 B가 동등한 가치로 교환될 때 "상품 B의 신체가 상품 A의 가치거울(여기서 가치거울이란 가치를 반영하는 거울을 말함)"(『資本論』①, 90쪽)로 된다고 말하고 있는데, 이것을 방금 설명한 예를 가지고 표현하면 엽전이 쇠고기의 무게를 반영하는 거울이라는 것이다.

사람이 수면에 자신의 얼굴을 비추어보는 경우를 한번 생각해 보자. 무엇보다도 먼저, 사람이 수면과 대면함으로써 수면이 거울로 변하고 있다. 즉 여러 가지 성질을 지닌 수면을 거울이라는 성질로서만 사용하고 있는 것이다(이것이 가능한 것은 빛이 수면에서 반사하는 성질이 있기 때문이라는 점은 굳이 말할 필요가 없을 터이다). 그리고 두번째로, 거울 역할을 하는 수면을 이용해서 자신의 얼굴을 비추고 있다는 것이다.

더욱이 원래 거울이라는 도구는 — 예컨대 최초에는 구리거울 같은 것이었다 — 사람들이 자신의 모습을 비추어보기 위해 갈고 닦아 윤을 낸 구리판을 사용한 것이 그 효시를 이루었는데, 다시 말해 연마한 구리판을 거울로 바꾸는(=거울로서 사용하는) 행위가 있었고, 이런 행위가 반복되는 과정에서 전용(專用) 도구인 구리거울이 만들어지게 되었다고 생각된다. 이것은 상품의 가치를 나타내는 '전용 도구'인 화폐의 발생과 유사하다.

지금까지 가치가 가격으로 표현된다는 것과 무게가 미터법이나 척관법으로 표현되고 있다는 것은 논리적으로 유사하다고 설명했는데, 그렇다면 다음으로 길이 역시 마찬가지라는 점에 관해서 언급해 보기로 하자. 뿐만 아니라 시간 또한 마찬가지이지만, 이에 대해서는 지적만 해두기로 하겠다.

길이도 추상적인 양이기 때문에 역시 길이를 가진 구체적인 것의 양으로 표현되지 않으면 안 된다. 미터법의 길이의 단위인 1미터는 지구둘레 길이의 4,000만분의 1이라는 정의(파리를 통

과하고 있는 북극에서부터 적도까지 거리의 1,000만분의 1)를
근거로 해서 작성한 미터 원기(原器)를 기준으로 삼고 있기 때
문에, 미터법에서 길이를 나타내는 구체적인 것은 지구의 둘레
가 된다. 다만 현재(1960년 이후) 1미터는 질량번호가 86인 크
립톤(Krypton) 원자가 내는 빛의 파장을 기초로 다시 정의하고
있다.

척관법의 길이의 단위인 자[尺]는, 고대 중국에서 12율의 음
계를 결정할 때 만든 대나무피리인 '황종관(黃鐘管)'의 길이가
검은 옥수수 알맹이를 100알 늘어놓은 길이와 똑같아 이것을 1
자라고 했던 것이 그 기원인 것 같다. 또한 척관법에는 없지만,
내가 어렸을 때는 버선의 길이를 10문 등 '문(文)'으로 지칭했
다. 이것은 엽전(약 2.4cm)을 기준으로 해서 길이를 측정한 것인
데, 버선 길이가 10문이라 하면 약 24cm의 버선이라는 것이다.
이처럼 엽전은 무게뿐만 아니라 길이의 단위이기도 했다.

2. 캄보디아에서 화폐 발생의 '실험'

들어가기에서는 모든 상품의 가치는 임의의 상품에 의해서 통
일적으로 표현될 수 있으며, 또한 그 상품이 교환을 매개함으로
써 상품교환이 물물교환을 뛰어넘어서 발전하게 되고, 나아가
그 상품으로 적합한 것으로서 최종적으로 선택되었던 상품이
금이고 금이 본래의 화폐라고 설명했다.

즉 통일적인 가치표현과 교환의 매개 역할을 하는 상품의 존재가 상품교환이 발전하는 데 반드시 필요하다는 것이 화폐 발생의 필연성이라는 것이다. 이 명제가 옳다는 것은 역사적으로도 실증할 수 있거니와, 최근에는 캄보디아의 비참한 '사회적 실험'에 의해 다시 실증되었다.

동남아시아의 캄보디아에서 1975년 4월에 정권을 장악한 폴 포트 일파는 100만 명이 넘는 대학살을 감행한 잔학무도한 집단으로 알려져 있다. 그리고 도시나 학교교육 같은 근대문명의 파괴자이기도 했으며, 은행이나 통화도 폐지해 버렸다. 이 폴 포트 일파는 베트남 군으로부터 지원을 받은 캄보디아 국민들의 반란에 의해 1979년 1월 권좌에서 쫓겨났다. 그해 5월에 캄보디아를 취재했던 『아사히신문(朝日新聞)』의 한 기자는 자신의 저서에서 다음과 같이 쓰고 있다.

사하코(강제적인 집단합작사 —원저자)가 있던 자리에는 어김없이 대량학살과 집단매장을 한 곳이 반드시 한 군데는 있었다. 살아남은 사람들은 거의 예외 없이 일가친척이나 친지의 비운의 죽음을 슬퍼하였다. 나와 친하게 지내던 캄보디아인은 대부분이 죽임을 당했거나 그렇지 않으면 행방불명되었다.

그렇지만 이와 동시에 나는 시장이 되살아나는 속도에도 몹시 놀랐다. 사람들은 폴 포트 시대에 파괴되었던 마을들의 시장터에서, 어딘가 시내나 읍내의 폐허에서 긁어모아 가지고 온 듯한 가재도구라든가 베트남에서 밀수해 온 담배 (cigarette), 옷감, 농기구에다 점차 자유롭게 잡을 수 있게 된 생선 따위를 길게 벌여놓고 팔고 있었던 것이다. 시들어버린 망고(mango)[7]나 바나나가 있었고, 조잡하지만 집에서 만든 크메르 과자도 있었다. 폴 포트 시대라면 즉석에서 처형당할 게 틀림없는 상행위였다.

시장이 부활한 이상에는 화폐도, 하고 나는 생각했다. 과연 그것이 있었다. 백미(白米)였다. 우유컵 1잔이 기본 단위로서, 망고 1개가 백미 3컵, 가물치 1마리가 5컵, 미제 담배 1개비가 1/2컵이었다. 아직 교통수단도 제대로 복구되지 않았음에도 불구하고, 이 '가격'은 수십 킬로미터 범위에 이르기까지 평준화되어 있었다. 경탄할 만한 원초적인 시장 메커니즘이었다.

사하코가 해체되고 난 뒤, 살아남은 사람들이 맨 처음 시작한 것은 물품의 교환이었다고 한다. 처음에는 옷감과 소금, 쇠고기와 숟가락(spoon), 비누조각과 물고기, 바나나와 성냥(match) 같은 식으로 물물교환이 이루어지다가, 이윽고 백미가 공통의 교환수단으로 자리잡았다. 백미는 희소가치가 있다고 할 정도는 못 된다 할지라도 개인이 쉽게 생산할 수 없는 상품이었고 더구나 균질하기 때문에 계량이 가능한데다 보존이 용이하다는 특성을 지니고 있는 등, 통화의 필요조건

---

7) 옻나무과에 속하는 상록 교목—옮긴이.

을 그럭저럭 충족시키고 있었던 것이다.

　나는 가는 곳마다 이런 유의 자연발생적인 시장을 보았다. 사람이 모여 사는 장소에 시장이 생겼다고도 할 수 있거니와, 시장이 있는 곳에 사람이 모여 살고 있었다고도 할 수 있다.

　캄보디아를 제압한 베트남 군당국이나 바로 이 베트남 군이 내세웠던 헹 삼린 정권(인민공화국 정부)이 백미를 화폐 대용품으로 사용하라고 명령했던 것은 아니다. 베트남 군과 신정부는 오히려 사람들이 부족한 쌀을 교환수단으로 사용하는 것을 묵인하고 있었다. … 프놈펜의 신정부가 새로운 리엘 화폐를 발행한 것은 이듬해인 1980년 3월이다. (井川一久 著, 『新版 カンボジア黙示錄』, 田畑書店, 1987, 362～64쪽)

우유컵 1잔을 기본 단위로 하는 백미의 양으로 모든 상품의 가치가 표현되고(＝가격이 붙여지고) 그 백미가 모든 상품의 교환을 매개했다는 이 사실은, 마르크스의 가격론·화폐론의 정당함을 단적으로 실증하고 있다고 생각된다.

모든 상품의 가치를 통일적으로 표현하는 동시에 상품교환의 매개 역할을 하는 상품으로는 귀금속이 적당하며, 마침내 금이 선택되었다. 그 금이 본래의 화폐인 것은 알겠다. 그렇다면 금이나 귀금속 이전까지는, 역사적으로 어떤 상품이 선택되어 화폐(의 전신)의 역할을 했는가.

세계사적으로는 여러 가지 재화가 화폐(의 전신)로 선택되었던 것으로 알려져 있는데, 그 가운데 몇 가지를 구체적인 예로 들어 보기로 하자.

들어가기에서도 설명하고 있듯이, 처음에는 재산의 주요한 요소이면서 운반이 가능한 것이라든가 가장 중요한 외래(수입)물품들 가운데서 화폐(의 전신)가 선택되었다.

중국대륙의 내륙지방에서 발생한 원시사회에서는 진주조개(순산〔子安〕조개)를 화폐(의 전신)로 사용했다. 이 순산조개는 그 형상 때문에 모성의 생식력을 상징하는 주술품(呪術品)으로 사용되고 있었던 것 같으며, 그리고 귀중한 외래물품이기도 했다는 점에서 화폐(의 전신)로 선택되었던 것 같다. 한자의 '패(貝)'는 순산조개를 본떠서 만든 상형문자이고, 경제와 관련된 사항을 나타내는 한자에 이 '패(貝)'라는 부수가 들어 있는 경우가 많은 것은 순산조개가 화폐(의 전신)로 사용되고 있었기 때문이다.

예를 들어 화(貨), 재(財), 자(資), 빈(貧), 하(賀), 대(貸), 매

(買), 저(貯), 구(購), 판(販), 회(賄), 임(賃), 공(貢), 관(貫), 매(賣), 비(費) 등이 있다. 그리고 이 가운데 몇 가지 한자의 경우 그 성립과정을 사전에서 조사해 보면, '화(貨)'는 패(貝)＋화(化)〔모습〔姿〕을 변화시키다〕로서, 물품으로 변화할 수 있는 조개〔貝, ＝화폐〕혹은 화폐로 변화한 물품(＝재화)을 의미한다. '재(財)'는 패(貝)＋재(才)〔적당하게 자른 것, 예를 들어 나무〔木〕를 적당하게 자른 것이 '재(材)'〕로서 생활을 적절하게 꾸려나가기 위한 조개〔貝, 화폐〕를 의미하고, '자(資)'는 패(貝)＋차(次)〔대충 준비하는 것〕로서 사용하기 위해서 준비한 화폐를 뜻한다. 그런가 하면 패(貝)를 나누면〔分〕 '빈(貧)', 패(貝)를 더하여〔加〕합(合)한 것이 '하(賀)', 패(貝)＋대(代)〔다른 사람과 교체하다〕가 '대(貸)'이다.

중국에서는 기원전 9세기 이후의 주·춘추 시대에 금속(청동)으로 화폐가 주조되기에 이르렀고, 농기구(호미)나 작은 칼, 물고기(말린 고기가 화폐의 전신으로 사용되고 있었다)를 본뜬 것이 만들어지고 있었다고 한다.

고대 일본에서는 쌀(벼)이나 직물이 화폐(의 전신)로 사용되었다. 이와 관련해서 살펴보면, '네우치(ねうち, 가치—옮긴이)'나 '네단(ねだん, 가격—옮긴이)'의 '네(ね, 가격—옮긴이)'라는 어휘는 벼(いね)에서 유래한 것이다. 벼는 원래 '네(ね)'라고 불리었는데, 여기에 접두사 '이(い)'가 붙어 '이네(いね)'라고 부르게 되었다고 한다. 뿐만 아니라 화폐 그 자체를 '오카네(おかね)' '가네(かね)'라고 하는 것은 화폐가 금·은·동 같은 금속으로 만들어지고 있었기 때문이라고 한다.

이 밖에도 로마제국 시대에 병사들에게 주는 급료로는 소금이 사용되었는데, '샐러리 맨(salary man)'의 '샐러리(salary)'는 이 소금을 어원으로 하고 있다. 르포『뉴기니아 고지인(ニュ－ギニア高地人)』(本多勝一 著, 朝日新聞社, 1964)에 따르면, 그가 취재를 하던 당시에 뉴기니아의 고지대 사람들은 소금이나 진주조개를 화폐 대신 사용하고 있었다. 또 유목민들 사이에서는 가축이, 미국 원주민들 사이에서는 담배잎이, 페루에서는 옥수수가, 그리고 노예제하에서는 인간 자신이 화폐(의 전신)로 사용되고 있었다.

2 상품의 가격은 그 상품의 가치가 화폐로 표현된 것이라는 점은 알겠다. 화폐에 의한 가치의 이러한 표현에 관해서, 시계 1개와 쌀 10kg의 교환 같은 단순한 상품교환 속에 그 기초가 숨겨져 있다는 것을 마르크스가 간파했다고 했는데, 이것이 마르크스에 의해 처음으로 이루어졌다는 것인가.

이 질문에 대해서는 『자본론』에서 마르크스 스스로가 답하고 있다.

아리스토텔레스는 상품의 화폐형태는 우선 첫째로 간단한 가치형태, 즉 뭔가 임의의 다른 한 상품을 통해 하나의 상품의 가치를 표현하는 더욱 발전된 모습에 불과하다는 점을 분명하게 서술하고 있다. 그것은 그가 이렇게 말하고 있기 때문이다.

'5개의 침대 = 1채의 집'

이라는 것은

'5개의 침대 = 얼마간의 화폐'

라는 것과 '구별되지 않는다'고 말이다. (『資本論』①, 101쪽)

고대 그리스의 위대한 철학자 아리스토텔레스가 이미 간파하고 있었다고 말하고 있는 것이다. 마르크스는 이 문장에 이어서 아리스토텔레스가 더 나아가 '5개의 침대=1채의 집'과 같은 관계가 성립하기 위해서는 양자에 동일한 단위로 계산할 수 있는 본질적인 동질성을 바탕으로 하는 등량성(等量性)이 반드시 존재해야 한다는 것도 간파하고 있다고 지적하고 있다.

그러나 아리스토텔레스 같은 천재도 여기까지였으니, 그는 침대나 집이 질적으로 동일하다는 것은 "사실상 불가능한 것"이며 "실질적인 필요에 따른 응급수단"에 지나지 않는다고 보고 있다. 아리스토텔레스는 침대와 집 양자 사이에는 질적으로 동등한 것이 존재한다는 것, 다시 말해 추상적 인간노동의 결정(結晶)으로서의 가치가 존재한다는 점을 파악하지 못했던 것이다.

마르크스는 이렇게 지적한 다음에, 아리스토텔레스가 왜 가치를 분석할 수 없었는지에 대해서 쓰고 있다. 질문의 내용과는 약간 거리가 있는 것이지만, 중요한 관점이 서술되고 있기 때문에 인용해 보기로 하겠다.

　　상품가치의 형태에서는 모든 노동이 동등한 인간적 노동으로서, 그 때문에 동등한 타당성을 지닌 것으로서 표현되고 있다는 점을, 아리스토텔레스는 가치형태 그 자체로부터 간파할 수 없었다. 왜냐하면 그리스 사회는 노예노동을 기초로 하고 있었고, 따라서 인간 및 그 노동력의 불평등을 자연적 기초로 삼고 있었기 때문이다. 가치표현의 비밀, 즉 인간적 노동 일반임으로 해서 또 그런 한에서의 모든 노동의 동등성 및 동등한 타당성은 인간 평등의 개념이 이미 민중의 선입관으로까지 자리잡게 될 때 비로소 해명될 수 있다. 그리고 그것은 상품형태가 노동생산물의 일반적 형태이고, 따라서 또 상품 소유자로서의 인간 상호의 관계가 지배적인 사회적 관계인 사회에서 비로소 가능하다. 아리스토텔레스라는 천재는 확실히 그가 모든 상품의 가치표현 가운데서 하나의 동등성 관계를 발견하고 있다는 점에서 빛나고 있다. 다만 그가 살고 있었던 사회의 역사적 제약으로 말미암아, 그는 이 동등성 관계가 도대체 '사실상' 무엇인지를 찾아낼 수 없었던 것이다. (『資本論』 ①, 102～103쪽)

3 상품의 가치가 화폐에 의해서 가격으로 표현되는 것이지만, 『자본론』에서는 상대적 가치형태라든가 등가형태, 그 밖에 혼동하기 쉬운 용어 몇 가지가 사용되고 있다. 이 용어들에 대해 설명해 주기 바란다.

몇 번씩 강조한 바와 같이, 상품의 가치가 화폐에 의해 가격으로 표현된다는 것은 시계 1개와 쌀 10kg의 교환 같은 단순한 상품교환 속에 그 기초가 있다. 그래서 마르크스는 그 기초에서부터 차례대로 논리를 전개해 나가면서, 가치가 그 내용(가치의 본성)에 점차 적합하게 표현되어 가며 마침내 가격에 이른다는 것을 명확하게 밝혔다.

이 논리적인 전개과정에서 내용의 위치를 명확하게 설정하기 위해 여러 가지 용어가 사용되고 있다. 들어가기에서는 조금 번잡하게 될 것 같아 이 용어들을 언급하지 않았지만, 지금까지 설명한 것을 근거로 해서 여기서 그 개요를 간단히 소개해 두고자 한다.

(A) 단순한 상품교환을 시계 1개＝쌀 10kg이라는 등식으로 대표시킬 때, 좌변의 상품 '시계 1개'의 가치는 우변의 상품 '쌀 10kg'의 사용가치로 표현된다. 이때 시계 1개의 가치가 쌀 10kg으로 표현되었기 때문에 시계 1개는 그 가치의 표현형태를 얻을 수 있게 되었다. 그래서 여기서 획득한 가치의 표현형태를 '상대적 가치형태'라고 이름붙인다. 즉 '상대적 가치형태'란 어떤 상품의 가치가 다른 상품에 의해서 표현된 형태인 것이다.

다른 한편으로 쌀 10kg 쪽은 시계 1개와 등가물이라는 것이다. 쌀 10kg이라는(사용가치의) 모습으로 시계 1개의 가치를 나타내는 가치체(價値體)이다. 그래서 이것을 '등가형태'라고 부른다. 요컨대 '등가형태'란 어떤 상품이 다른 상품의 등가물이 되고 있는 모습(형태)인 것이다.

여기까지는 어떤 상품과 다른 상품의 단순한 상품교환을 전제로 해서 표현되는 가치의 모습(형태)이기 때문에, 마르크스는 이것을 '간단하면서도 개별적인 또는 우연적인 가치형태'라고 부르고 있다.

(B) 그러나 시계 1개는 쌀 10kg일 뿐만 아니라 모든 상품과 교환될 수 있다. 그러므로 시계 1개＝쌀 10kg이라는 등식뿐만 아니라 다음과 같은 등식들이 성립한다.

$$
시계\ 1개
\begin{cases}
= 쌀\ 10kg \\
= 구두\ 2켤레 \\
= 사과\ 20개 \\
= 윗도리\ 1벌 \\
= 책\ 5권 \\
= \cdots 등등
\end{cases}
$$

좌변 상품의 가치가 우변 상품군(商品群)의 사용가치로 표현되고 있는 등식인데, 마르크스는 이것을 '전체적인 또는 전개된 가치형태'라고 부르고 있다.

이리하여 시계 1개의 가치는 쌀 10kg일 뿐 아니라 구두 2켤레, 사과 20개, 윗도리 1벌, 책 5권 등 모든 상품의 사용가치로 표현된다. 시계 1개의 가치는 쌀 10kg으로만 표현될 때보다 더 진전된 표현형태를 획득하게 되었다. 그래서 여기에서 얻어진 가치의 표현형태를 '전개된 상대적 가치형태'라고 이름붙인다.

가치의 이 표현형태에서는 가치가 쌀로 특정화되는 것이 아니라 구두·사과·윗도리·책 등 모든 사용가치의 일정량으로 표현되고 있기 때문에, 결국 그것들을 만드는 인간노동으로 표현되고 있는 게 된다.

다른 한편으로 쌀 10kg, 구두 2켤레, 사과 20개, 윗도리 1벌, 책 5권 등등은 어느 것이든 시계 1개와 등가물이라는 것이다. 이 각각은 다수의 특수한 등가물에 필적하는 하나의 특수한 등가물로 되고 있다. 어떤 상품이 이와 같은 특수한 등가물로 되고 있는 형태를 '특수한 등가형태'라고 부른다.

그러나 전개된 상대적 가치형태는 모든 상품에 의해 가치를 표시하고 있는 것이어서 어중이떠중이 표현인데다 또 시간이 흐름에 따라 상품의 종류가 늘어나기 때문에 완결될 수가 없다. 더구나 어떤 상품의 가치형태와 다른 상품의 가치형태는 다르고 통일적이지 않다. 마찬가지로 특수한 가치형태의 경우에도 쌀·구두·사과 등과 같은 각각의 상품은 특수한 것이지 일반적인 것이 아닐 뿐더러, 이것들을 모두 합한다고 해도 통일적인 등가물로 되는 것이 아니다. 전체적인 또는 전개된 가치형태는 가치의 본성을 표현하는 방식으로서는 이러한 결점을 지니고 있다.

(C) 그런데 상품교환은 상호적이기 때문에, 전체적인 또는 전개된 가치형태의 전제를 이루었던 등식들은 당연히 그 역의 관계도 포함하고 있다. 이것을 표현하면 다음과 같은 등식들이 주어진다.

$$
\left.\begin{array}{lll}
\text{쌀 10kg} & = \\
\text{구두 2켤레} & = \\
\text{사과 20개} & = \\
\text{윗도리 1벌} & = \\
\text{책 5권} & = \\
\text{…등등} & =
\end{array}\right\} \text{시계 1개}
$$

역시 좌변 상품군의 가치가 우변 상품의 사용가치로 표현되고 있는 등식인데, 마르크스는 이것을 '일반적 가치형태'라고 부르고 있다. 이 형태에서는 쌀·구두·사과·윗도리·책 등 모든 상품의 가치가 시계라는 동일한 상품으로 간단하면서도 동시에 통일적으로 표현되고 있다. 여기서 얻어진 가치의 표현형태가 '일반적인 상대적 가치형태'이다.

이 일반적인 상대적 가치형태에서, 가치는 그 본성에 걸맞은 모습으로 표현된다. 여기에서는 쌀·구두·사과·윗도리·책 등 모든 상품의 가치가 시계라는 동일한 것으로 표현되고 있기 때문에, 모든 상품의 가치는 동일하다는 점이 표현되고 있는 것이다. 그리고 동일한 것으로 표현되고 있기 때문에, 모든 상품의 가치의 양적인 비교가 간단하다.

나아가 모든 상품의 가치가 이와 같이 동일하다고 표현된다는 것은, 상품마다 다르다는 점을 본성으로 하는 사용가치와 별개의 것이라는 점을 분명하게 드러내고 있는 것이다.

간단한 상대적 가치형태의 경우에는, 예를 들어 쌀의 가치는 시계의 사용가치로 표현됨으로써 쌀이라는 자기 자신의 사용가치와는 다르다는 점을 나타냈을 따름이다. 전개된 가치형태의 경우에도 모든 상품의 가치가 동일하다는 것은 표시되고 있지 않다.

이것을 노동의 관점(level)에서 말하자면, 가치를 만드는 추상적 인간노동의 동일성이 시계를 만드는 구체적 유용노동의 단일성에 의해 표현되고 있다는 것이다.

다른 한편으로 모든 상품의 가치를 표현하고 있는 우변의 시계 1개가 모든 상품에 대해서 동일한 공통의 등가물로서의 역할을 하고 있기 때문에 '일반적 등가물'이 되고 있다. 어떤 상품이 일반적 등가물이 되고 있는 형태를 '일반적 등가형태'라고 부른다. 등식을 보면 밝혀지듯이, 시계는 쌀·구두·사과·윗도리·책 등 모든 상품과는 구별되는 특별한 역할을 부여받고 있다. 시계가 일반적 등가형태가 되는 조건은 시계 이외의 모든 상품이 이 형태로 되지 않는 것이다.

그런데 어떤 상품(여기서는 시계)을 일반적 등가형태로 삼는다는 것은 모든 상품의 가치를 반드시 그 상품(시계)으로 표현한다는 공동행위가 없어서는 안 된다. 마르크스는 "일반적 가치형태는 오직 상품세계의 공동 사업으로서만 성립한다"고 말하고 있다. 결국 상품교환에 종사하는 사람들이 공동으로 특정한 상품을 일반적 등가물로 선택하는 것이 필요하다. 이미 서술한 바와 같이, 폴 포트 정권이 붕괴한 직후의 캄보디아에서는 사람들이 쌀을 일반적 등가물로 선택했던 것이다.

(D) 그런데 들어가기에서도 설명했지만, 모든 상품의 가치를 통일적으로 표현하는 상품으로서 사람들에 의해 최종적으로 선택되었던 상품은 금이다. 결국 금은 일반적 등가물로서의 위치를 획득했고, 금이 일반적 등가물이라는 것은 당연한 것으로 여겨졌다. 일반적 등가물이 된 금이 화폐 혹은 원래의 화폐이다. (여기서 '원래의'라고 말하는 것은 오늘날에는 금도 이미 화폐인 것만은 아니기 때문이다. 또한 일반적 등가물로 선택된 진주조개나 쌀 등은 화폐의 전신이었다.) 금(화폐)의 양으로 표현된 모든 상품의 가치가 '가치의 화폐형태'이고, 이것이 가격이다.

제4장 상품생산 사회의 근본적 특징(=한계)은 무엇이며, 노동생산물은 왜 상품으로 되는가

| 들어가기 |

상품생산 사회의 근본적 특징(=한계)은 무엇이며, 노동생산물은 왜 상품으로 되는가

지금까지는 상품과 화폐에 대한 기초적인 내용을 우선 명확하게 밝혔다. '자본'에 대한 해설로 나아가기에 앞서, 이제까지 설명한 것을 근거로 해서 상품생산 사회의 근본적인 특징을 살펴보도록 하자.

상품생산 사회에서는 상품이나 화폐가 크나큰 역할을 하는 것은 당연하다. 그러나 단순히 그 역할이 크다는 것뿐만 아니라, 상품생산 사회에서는 상품이나 화폐 등과 같은 '물(物)'에 의해서 '인간'이 지배당하기까지 하고 있다. 이것이 마르크스가 '물신적 성격' 등이라고 불렀던 상품생산 사회의 근본적인 특징이자 근본적인 한계(결함)이다.

상품생산 사회의 이 같은 근본적인 특징(=한계)을 명확하게 이해하기 위해서는, 노동생산물이 왜 상품생산물로 되는가 하는 원점을 살펴볼 필요가 있다.

(1) 상품생산 사회는 시장경쟁에 의해 지배되는 사회이며 상품에 대한 욕구, 금전에 대한 욕구로 가득 찬 화폐만능 사회이다. 결국

'물'에 의해서 지배되는 사회이다

상품생산 사회에서는 모든 물(物)에 가격이 매겨져 있으며 이 모든 물은 화폐로 매매되고 있다. 노동생산물뿐 아니라 토지나 예술품 같은 것도 상품으로서 매매되고 있다는 것은 이미 언급했다. 이것들뿐만이 아니다. 예를 들어 의사와 환자, 선생과 학생의 관계 역시 의료 혹은 교육이라는 서비스(물질이 아니고 활동이지만 상품으로, 물로서 취급된다)의 매매관계가 되고 있다. 앞으로 제5장에서 설명하겠지만, 노동자와 자본가의 고용관계도 노동력(상품으로, 물로서 취급된다)의 매매관계이다.

그리고 이런 매매관계(상품시장)를 통해서 끊임없이 가격경쟁이 이루어지고 있으며, 오로지 가격(cost) 인하와 결부되어 있는 협의의 합리성 또는 효율성이 극단적으로 중시된다. 경쟁에 패하면 몰락하고 만다는 것으로부터 이 경쟁은 강제된다.

또 화폐만 있으면 어떠한 상품이라도 살 수 있기 때문에, 돈이 모든 것을 다 말해 준다는 화폐만능 사회이다. 그리고 이 화폐를 은행 같은 데 예금하면 이자가 붙는데, 이것은 화폐(물)가 화폐(물)를 낳는다는, 생각해 보면 이상한 것이 당연하게 받아들여지는 사회이다.

(2) 상품생산 사회는 '물'에 의해서 지배되는 사회인데, 그 근본적인 이유는 노동생산물이 상품으로 되는 것 그 자체에 있다

예를 들어 1개의 시계가 10kg의 쌀과 교환된다는 것을 가지고 한 번 생각해 보자. 인간사회의 기초인 사회적 노동의 측면에서 이것

은 어떤 내용인지에 대해서 고찰해 보면, 다음과 같이 파악될 수
있다. 시계 생산자나 쌀 생산자 모두 각자 사회가 필요로 하는 유
용한 노동을 수행해서, 다시 말해 사회에 유용한 노동을 제공함으
로써 사회적 노동의 일부분을 담당해서, 각자 자신이 필요로 하는
것(쌀·시계)을 각자가 제공한 노동에 따라서 사회로부터 제공받
는다. 요컨대 1개의 시계가 10kg의 쌀과 교환된다는 것의 실질 내
용은 사회에 필요한 노동을 수행함으로써 시계 생산자와 쌀 생산
자가 서로 관계를 맺는다는 것이다. 일반적으로 말하자면, 상품교
환의 실질 내용은 사회적 노동에 있어서 인간과 인간의 관계이다.

그런데 상품생산 사회에서 사회적 노동의 구조는, 앞에서도 서
술한 바와 같이 각각의 생산자가 독립해서 사적으로 생산(노동)
을 하는 것이다. 사회적 노동이 이 같은 구조(존재방식·형태)일
경우에는 각각의 생산자의 노동과 노동생산물이 서로 분리되어
있기 때문에, 그것들이 사회적인 것으로 되기 위해서는 각각의
사적인 노동생산물이 상호 교환되는 수밖에 없다. 즉 노동생산물
이 상품으로 되지 않으면 안 되는 것이다.

노동생산물이 상품으로서 서로 교환됨으로써, 직접적으로는
사회적이지 않은 생산자의 사적인 노동이 실제로 사회적인 것으
로 된다. 이때 사적인 노동의 사회적 성격은 다음과 같다. 첫째,
사적인 생산자 역시 사회에 유용한 노동을 수행하지 않으면 안 된
다. 둘째, 다른 어떤 생산자의 노동과도 교환될 수 있는, 다른 생
산자와 동등한 노동이라는 것, 다시 말해 제2장에서 밝힌 추상적

〈그림 3〉 상품생산 사회에서 생산자 상호의 관계
ー인간과 인간의 관계가 물과 물의 관계로 나타난다

(공동체에 의한 생산)

생 산 자
생산
생산물
직접적 관계
직접적 관계
생산
생산물
생산물
생산
생 산 자
생 산 자
직접적 관계

(상품생산 사회)

생 산 자
상품시장
생산
생산물
관계의 단절
관계의 단절
교환
교환
생산물
생산물
교환
생산
생산
생 산 자
생 산 자
관계의 단절

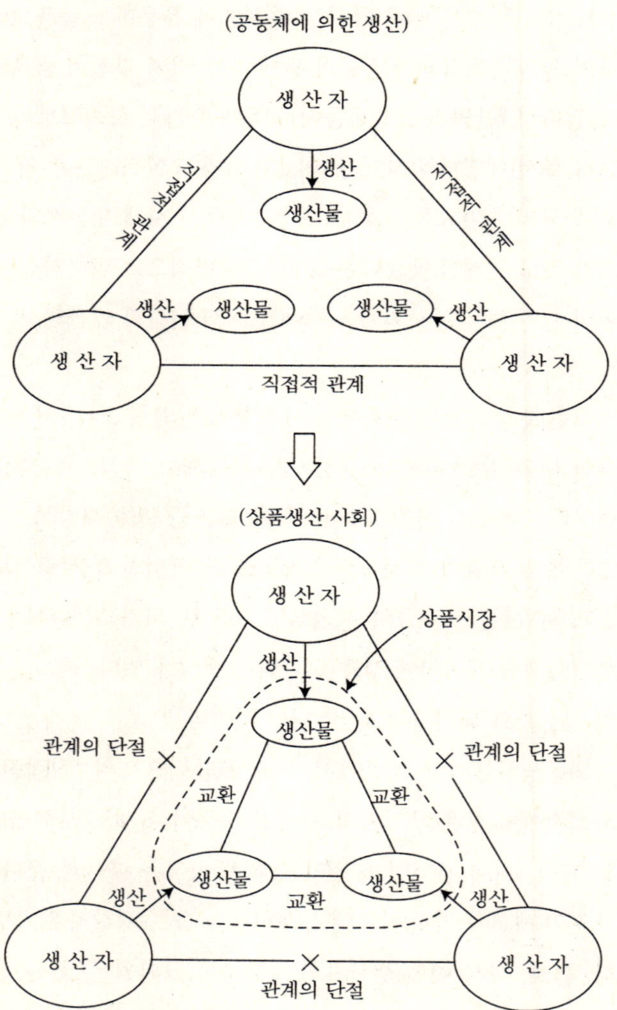

인간노동이라는 공통성을 가지고 있다.

그러나 당사자인 생산자들 앞에 드러나는 것은 상품교환이고, 사회적 노동에서의 자신들의 관계는 그 뒤에 숨겨져서 보이지 않게 된다. 인간의 노동생산물이 상품(노동으로부터 분리된 단순한 물)으로서 눈앞에 나타나는 것이다. 따라서 상품생산 사회에서는 사회적 노동에서의 인간과 인간의 관계가 상품(물)과 상품(물)의 관계로 나타나는 것이 필연적이다. 그리고 사적인 노동의 사회적인 유용성은 상품이 지닌 유용성(사용가치)으로, 사적인 노동의 사회적인 동등성(추상적 인간노동)은 상품의 가치 더 나아가서 가격·화폐로서 외부에 나타나게 되며, 이것들 '물'이 자신들을 낳아준 어버이인 인간과 그 노동을 지배하게 된다(〈그림 3〉 참조).

(3) '물'이 지배하는 상품생산 사회의 이 근본적 특징(＝한계)을 마르크스는 상품(또는 상품생산 사회)의 '물신적 성격(물신성)'('물신 숭배〔주물숭배〕')이라고 부른다

인간과 그 사회적 노동이 만들어낸 상품·가치·화폐 등과 같은 '물'이 눈앞에 그리고 외부로 나타나서 오히려 인간과 그 사회적 노동을 지배한다는 상품생산 사회의 특유한 이 관계는, 인간의 상상과 공상이 만들어낸 '신'이 우리 눈앞·외부에 모습을 드러내 거꾸로 인간을 지배하는 관계와 유사하다. 실제로 종교를 가진 사람들은 신이 인간을 지배하고 있다고 믿고 있다.

상품이나 화폐 같은 '물'이든 '신'이든 이 모든 것이 다 인간 스스로 만들어낸 것이고 더욱이 이것들에 힘을 부여하고 있는 것도 바로 인간 자신의 힘인데, 이 본질적인 것은 저 깊숙이 감추어져 있어서 보이지 않게 된다. 그 때문에 우리들 눈앞에 혹은 외부에 드러난 '물'이나 '신' 안에 지배력이 있는 것처럼 되는 것이다.

물신(주물, fetish)은 영(靈) 등이 신이 들려서 초자연적인 힘을 가진 것으로 간주된 돌·나뭇조각·이빨 같은 '물' 그 자체를 일컫는 것이다. 그리고 물신숭배(주물숭배, fetishism)는 그와 같은 '물신' '주물'을 원시인 등이 숭배하는 것을 말한다. 조금 전에 설명했듯이 현대의 상품생산 사회에서는 상품이 이 물신(주물)처럼 되어 있는데, 이 근본적 특징을 마르크스는 '상품의 물신적 성격'이라고 이름붙임으로써 탁월함을 입증해 보였다.

물론 신이나 종교, 주물숭배는 그것을 만들어내는 뭔가 사회적 배경이 있다고 할지라도 직접적으로는 인간의 의식이나 관념에 의해서 탄생한다. 인간의 의식 속에서 인간과 신의 위치가 역전된 것으로 그려지고 있다. 이와 달리, 상품의 물신적 성격은 상품 생산 사회의 구조(사회적 노동의 형태)로부터 생겨난다. 사회의 현실적인 구조 속에서 인간과 '물'의 주객이 뒤바뀌고 있는 것이다. 그리고 인간과 인간의 관계가 물과 물의 관계로 나타나는 것을 '물상화'라고도 한다.

(4) 상품생산과 다른 사회적 생산구조가 중심인 사회에서 주요한

생산물은 상품이 아니기 때문에, 그것은 '물신적 성격'을 가지지 않는다

예를 들어 하나의 사회가 한 가족으로만 이루어진 경우를 한번 상정해 보자. 그러면 그곳에서는 할아버지·할머니·아버지·어머니·자식들 등 가족 구성원이 가족 내에서 분업해서 노동을 한다 해도 그 노동과 노동생산물은 직접적으로 가족=사회의 것이다. 구성원의 노동이 가족=사회의 노동 목적이나 계획과 아무런 관계 없이 독립적으로 행해지는 일이 없을 뿐더러, 구성원은 노동을 통해서 직접적으로 상호 관계를 맺고 있다. 노동생산물은 그 노동을 수행한 구성원의 사유물이 되어버리는 것이 아니기 때문에, 물론 상품교환도 일어나지 않는다. 구성원 개개인이 필요로 하는 노동생산물 역시 가족=사회가 획득한 전체 노동생산물에서 직접적으로 분배될 것이다.

이 예와 같이 사회를 구성하는 인간 개개인(혹은 공장 같은 각각의 생산단위)의 노동이 직접적으로 사회의 것이 되고 사적·독립적이지 않은 경우에, 생산은 상품교환을 필요로 하지 않는다. 물론 분업에 의해서 생산되는 생산물을 수요자들에게 분배하는 행위는 이러한 경우에도 필요하다. 그러나 사적인 생산물의 소유권을 서로 교환한다는 의미에서의 본래의 상품교환은 필요하지 않다.

원시공산제 사회(원시적인 공동체에 의한 공동생산 사회)에서는 사유제는 물론이거니와 분업도 발전하지 않아서 상품교환이 일어나지 않는다. 노예제 사회나 봉건제 사회에서는 비록 사회적인 생산구조에 공동체적인 생산의 성격이 계속 남아 있다 할지라도 그 속에서 공동체 자체나 개개 생산단위의 사적 성격이 강해지면서 상품교환과 사유제, 사적 생산이 발생하여 서서히 발전해나갔다. 그리고 상품교환과 사적 생산의 발전은 공동체를 해체하는 방향으로 작용했다(이 장의 질문 1 참조).

마르크스가 자본주의 사회(상품생산 사회)에 의해서 준비되고 그 모순을 해결하는 것으로서 예견한 사회주의 사회 · 공산주의 사회에서는 어떨까. 마르크스가 예견한 사회는 생산수단(공장 · 설비 · 원재료 등)을 사회 전체가 공동소유하고 그렇게 함으로써 사람들이 자각하여 계획적으로 사회적 · 공동적인 생산을 수행하게 되는 사회이기 때문에, 원리적으로 보면 개개의 생산단위가 독립적 · 사적으로 생산하는 것이 아니므로, 원래의 상품교환도 사라지게 된다. 물론 분업에 의해 생산되는 생산물의 수요자에 대한 분배는 생산력 등의 발전에 발맞추어 합리적으로 이루어지게 된다.

그러나 이것은 이 경제체제가 성숙했을 때의 모습이다. 그러므로 사회주의 체제가 성립하여 체제를 갖추어나가는 과정에서는 개개 생산단위의 사적 성격과 상품생산은 여전히 남아 있으므로, 이것을 이용하지 않으면 안 된다.

또한 분업을 통해 생산된 생산물을 수요자에게 분배하기 위해서 시장을 이용하는 것 역시 원리적으로는 가능하다고 생각된다(이 장의 질문 2 참조).

상품생산 사회의 근본적 특징(=한계)은 무엇이며, 노동생산물은 왜 상품으로 되는가

1. 상품생산 사회의 근본 문제가 비로소 문제로 제기되었다

들어가기의 첫머리에서 서술한 바와 같이, 여기서는 '물'에 의한 인간의 지배라는 상품생산 사회의 근본적 특징(=한계)이 노동생산물이 왜 상품으로 되는가 하는 점과 연결되어서 밝혀지고 있다. 제3장까지는 상품생산 사회를 구성하는 상품·가치·화폐가 무엇인가를 분석해 왔지만, 여기서는 이 같은 분석을 토대로 해서 상품 성립의 근거와 상품생산 사회의 구조가 분석된다. 이것은 상품생산이 주요한 위치를 차지하지 않는 다른 생산 체제의 사회와 상품생산 사회의 근본적인 차이를 밝히는 것이기도 하며, 나아가 상품생산 사회의 근본적인 특징을 더욱더 명확하게 밝히는 것이기도 하다.

마르크스는 다음과 같이 말하고 있다.

그런데 확실히 경제학은, 비록 불완전하기는 하지만 가치와 가치의 크기를 분석해서 이 형태 속에 은폐되어 있는 내용을 찾아냈다. 그러나 경제학은, 그러면 왜 이 내용이 그러한 형태를 취하는지, 따라서 왜 노동이 가치로 표시되며 또 그 지속시간에 의한 노동의 측정이 노동생산물의 가치 크기로 표시되는지 하는 문제를 제기조차 한 적도 없었다. (『資本論』 ①, 135~36쪽)

이 문장에서의 경제학은 애덤 스미스나 리카도 등 마르크스 이전의 고전파 경제학을 가리키는 것이므로, 이 문장은 그때까지의 경제학이 이 장에서 마르크스가 해명한 것을 문제삼아 사고한 적도 없었다는 의미를 담고 있다.

왜 사고조차도 하지 않았던 것일까. 그것은 상품생산 구조를 인간사회의 생산구조로서 지극히 당연한 구조, 영원히 계속되는 구조, 가장 발달한 구조로 파악하고 말았기 때문이다. 만약 그렇다면 생산물이 상품인 것은 당연한 것이기 때문에 노동생산물이 왜 상품으로 되는가 하는 문제는 성립이 되지 않는다.

태어나면서부터 줄곧 상품생산 사회에서 살아가고 있는 우리들 역시 마찬가지로 상품이라든가 화폐, 시장경쟁 원리 등을 사회에서 아주 당연한 것이라고 생각하는 경향이 있기 때문에, 상품생산 사회 구조의 근본을 비판적으로 바라보는 마르크스의 시각에서 많이 배울 필요가 있다. 마르크스는 상품생산 사회(근현대 사회의 기초)에 대한 근본적인 비판을 문제제기한 것인데, 이 같은 제기 자체가 획기적인 것이었다.

2. 가격·화폐의 발생을 입증하는 것과 상품생산 사회의 비판은 어떤 관계가 있는가

그런데 앞장에서 소개한 것처럼, 마르크스는 고전파 경제학에서 결코 시도된 적이 없었던 가격·화폐의 발생을 입증하는 문제에 관해서도 이것을 최초로 제기하고 해결하였다. 사실 가격·화폐의 발생을 입증한다는 문제를 제기할 수 있었던 것과, 이 장에서 다루고 있는 상품생산 사회의 근본적 비판이라는 문제를 제기할 수 있었던 것은 논리적인 연관성을 지니고 있다. 이 점에 대해서는 마르크스 자신이 앞의 인용문에 주를 달아서 다음과 같이 설명하고 있다. 독해하기 어려운 부분이 좀 있지만, 매우 흥미 있는 대목인지라 인용해서 해설해 두고자 한다.

고전파 경제학의 근본적 결함 한 가지는, 상품의 분석 특히 상품가치의 분석으로부터 가치를 바로 교환가치로 만드는 가치의 형태를 찾아내는 데 성공하지 못했던 점이다. 애덤 스미스나 리카도 같은 저 뛰어난 대표자들에게서조차 고전파 경제학은 가치형태를 정말 아무래도 좋은 것으로 혹은 상품 그 자체의 본성에 있어서 외적인 것으로 취급하고 있다. 그 원인은 가치의 크기를 분석하는 데 온통 주의를 빼앗기고 있었기 때문만은 아니다. 원인은 더 깊은 곳에 있다. 노동생산물의 가치형태는 부르주아적 생산양식의 가장 추상적인 그러나 또한 가장 일반적인 형태이며, 부르주아적 생산양식은 이 형태

에 의해 하나의 특수한 종류의 사회적 생산으로, 그 때문에
동시에 또 역사적인 것으로서 성격지어지고 있다. 그러므로
어떤 사람이 이 생산양식을 사회적 생산의 영원한 자연적 형
태로 잘못 보았다면, 그 사람은 필연적으로 가치형태의 독자
성을, 그 때문에 상품형태의, 나아가서는 화폐형태 · 자본형
태 등등의 독자성을 간과하게 된다. (『資本論』 ①, 137~38쪽)

마르크스는 이 문장의 앞부분에서 고전파 경제학의 근본적인
결함은 가격 · 화폐의 발생을 입증할 수 없었다는 것이고, 그 원
인은 단순한 주의부족에 있는 것이 아니라 좀더 깊은 곳에 있다
고 지적하고 있다.

이 부분에서 사용되고 있는 '가치의 형태' '가치형태' 같은 용
어는 앞장에서의 사용법과 똑같은 것으로서, 가장 발전한 가치
형태가 가치의 화폐형태인 가격이다. 그러므로 "가치형태를 …
상품 그 자체의 본성에 있어서 외적인 것으로 취급하고 있다"는
것은, 쉽게 말해 가격을 상품의 본성 안에서 나오는 것이 아니
라 외부에 있는 것으로서 파악하고 있다는 의미로서, 고전파 경
제학에서는 가격과 상품이 분리되어 각각 별개의 것으로서 고
찰되고 있다는 것이다(여전히 이 점은 현재의 근대경제학에서
도 동일하다).

뒷부분에서는, 앞부분을 이어받아서 고전파 경제학이 가격 ·
화폐의 발생을 입증할 수 없었던 깊은 원인은 상품생산 사회를
영원히 계속될 지극히 자연스러운 구조로 잘못 보았기 때문이

라고 서술하고 있다.

이 부분에서도 '노동생산물의 가치형태'나 '가치형태'라는 용어가 사용되고 있지만, 여기에서의 '가치형태'는 '가치의 형태'가 아니라 '가치라는 형태'이다. 그러므로 '노동생산물의 가치형태'란 가치라는 형태를 가진 노동생산물을 말하는 것이고 상품인 것이다. 앞부분의 '가치의 형태'와 혼동하면 이 문장에서 마르크스가 무엇을 말하려고 했는지를 알지 못하게 된다.

노동생산물은 어느 때나 혹은 그 어떤 생산구조 아래서나 상품으로 되는 것이 아니고 역사적인 어떤 단계에서 상품으로 된다. 그 상품을 기초로 하는 생산구조인 상품생산 사회도 물론 역사적으로 창출된 것이며, 어떤 특수한 구조이다. 이 점이 파악되지 못하면 상품, 가격·화폐, 자본 등의 독자성도 간과되어 버린다고 마르크스는 말하고 있는 것이다.

그렇다면 왜 간과되어 버리는 것일까. 마르크스는 자명한 것이라고 생각했던지, 이 점에 관해서는 서술하고 있지 않기 때문에 나의 해석을 조금 덧붙이고자 한다. 그 이유는, 일반적으로 말해서 '내용을 역사적으로 창출된 것, 발전해 가는 것으로서 파악하는 것'은 '그 내용에 관한 내적인 연관성을 파악하는 것(참된 구조적인 파악)'과 밀접하게 결부되어 있기 때문이다.

예를 들어 진화론이 나오기 전까지의 생물학은 동·식물의 종류를 불변적인 것으로 파악하고 있었다. 따라서 여기서는 생물의 종류는 불변이기 때문에 각각 별개의 것으로서 외적으로만 비교될 뿐이다. 이와 달리 생물이 역사적으로 창출되어 진화하고 발전한다는 진화론의 입장에 서면, 생물의 종류는 포유류가 파충류로부터 생겨난다는 계통적이면서 내적인 발전 계열에 있는 것으로서 위치설정을 하지 않을 수 없게 된다. 생물 전체가 정말로 구조적으로 파악되도록 되어가는 것이다.

3. 상품의 물신적 성격과 반영규정 논리의 불가사의

들어가기의 (3)에서 설명한 것처럼, 마르크스는 상품생산 사회의 근본적 특징(=한계)을 상품생산 사회의 물신적 성격이라고 지칭하고 있다. 하지만 마르크스가 여기에서 서술하고 있는 내용을 충분히 이해하기 위해서는 반영규정 또는 반성규정의 논리를 알아두는 게 좋다고 생각한다. 마르크스는 반성규정에 대해 이렇게 쓰고 있다.

> 무릇 이와 같은 반성규정이라는 것은 독자적인 것이다. 예컨대 이 사람이 왕인 것은 다른 사람들이 그에 대해서 신하로서의 태도를 취하기 때문이지 다른 이유가 있는 것은 아니다. 그러나 그들은 그가 왕이기 때문에 자신들은 신하라고 생각하는 것이다. (『資本論』 ①, 99쪽)

이 문장은 마르크스가 앞장에서 설명한 등가형태(어떤 상품이 다른 상품의 등가물이 되고 있는 형태)에 관해 보완설명하기 위해 달아놓은 주로서, 상품의 물신적인 성격을 설명하기 위해서 달아놓은 주는 아니지만, 이 반성규정의 논리는 보편적인 논리이기 때문에 상품의 물신적 성격과 관련해서도 타당하다고 생각한다.

여기서 반성규정의 '반성'이란 독일어 Reflexion(영어 reflection)의 번역용어이다. 원래 Reflexion은 뒤로 구부리는 것, 뒤쪽으로 향하는 것이라는 뜻을 가지고 있으며, 반성 외에도 반사 · 반영 · 숙고 등의 의미를 담고 있다. 그렇기 때문에 반성규정을 반영규정이라고 번역해도 상관없을 것이다.

이 용어는 헤겔철학의 용어이기도 하며 일반적으로는 '반성'으로 번역되고 있지만, '반성'이라고 하면 의미가 조금 협소해지기 때문에 여기서는 '반영'이라는 용어를 사용하기로 한다. 다만 '반영'이라고 하면 거꾸로 의미가 지나치게 넓어지는 문제가 있다.

또한 '독자적인 것'이라고 번역하고 있는 구절의 경우, 다른 번역에서는 '기묘한 것'이라고 번역되어 있기도 한데, 이것의 의미는 '불가사의한 것(=불가사의한 힘을 가진 것)'이라고 이해하는 것이 가장 잘 들어맞는다고 생각한다.

1) 반영규정 논리의 불가사의함

그렇다면 마르크스가 말하는 반영규정의 불가사의함을, 마르크스가 제시한 '왕과 신하'의 예를 가지고 한번 생각해 보기로 하자.

이 '왕과 신하'의 예는 두 가지 작용으로 나누어진다. 우선 제 1 작용은, 이 사람이 왕인 것은 다른 사람들이 이 사람에 대해서 신하의 태도를 취하기 때문이다. 즉 다른 사람들(규정자·주체)이 이 사람(피규정자)을 왕으로 규정하는 것이다. 그리고 제 2 작용은, 그런데 사람들은 이 사람이 왕이기 때문에 자신들은 신하라고 생각하게 된다는 것이다.

우선 말할 수 있는 것은, 제2 작용에서는 제1의 규정에서 규정자였던 '사람들'이 피규정자로 되고 있다는 것이다. 결국 제1 작용이 뒤쪽으로 향해서 반전·반사하는 것이다. 그런데 이 제2 작용은 무엇에 의해 이루어지는가 하면, 다름아니라 제1 작용에서 만들어진 '왕'의 영상을 통해서이다. '왕' 그 자체가 아니라 '왕'의 영상을 통해서라는 점이 중요하다.

그런데 이 '왕'의 영상을 보고 작용을 받는 것은 '왕'을 만들어 낸 '사람들(규정자)' 자신이다. 일반적으로 말하자면 대상을 보고 있을 때, 보고 있는 자기 자신의 위치나 움직임이나 작용 등은 보이지 않고, 자기 자신의 움직임 등은 대상인 영상의 위치나 움직임·작용으로 전환되어 보이게 된다.

예를 들어 움직이고 있는 기차를 타고 풍경을 바라보면, 자신은 정지해 있고 사실은 움직이지 않는 풍경이 기차가 가는 방향과 반대방향으로 움직이는 것처럼 보인다. 오직 이 점과 관련해서만 영상은 거꾸로 되는 것이다. 이 때문에 신하로서의 태도를 취해서 '왕'을 만들어냈던 '사람들(자신들)'의 작용은 사라지고 '왕'이 자신들을 신하로 삼는 작용을 하고 있는 것처럼 보이는 것이다.

이와 같이 제2 작용은 제1 작용과 그 결과인 영상(어떤 점에서 거꾸로 된 상)을 통한 반작용이며, 이것이 좁은 의미에서의 반영규정이다. 하지만 이것은 '왕'의 본질을 잘못 파악하게 하는 것일 뿐만 아니라 '왕'의 위치를 강화시키는 현실적인 의미를 지니고 있다. 그러므로 '왕'에 대한 옳은 규정은 제1 작용(규정)과 제2 작용(좁은 의미에서의 반영규정) 양자에 의해서 주어진다고 생각되기 때문에, 이 두 가지 작용(규정) 전체를 일반적으로 반영규정이라고 부른다.

이상이 반영규정의 불가사의함이자 그 논리이다. 그런데 이와 같은 반영규정은 현실 속에서 광범위하게 찾아볼 수 있다. 두세 가지의 예를 더 들어보기로 하자.

아주 가까운 예 하나를 들어보면, 사람이 자신의 모습을 거울에 비추어볼 때 자기 자신의 진짜 모습은 사라지고 거울에 비친 자신을 보게 된다. 그 때문에 자신이 실제로 거울 앞에 서 있는데도 불구하고 그것은 사라지고 거울에 비친 상(像)이 거울 뒤에 있는 것처럼 보이고, 이 점과 관련해서 거울에 비친 상은 좌우가 바뀌어서 보인다. 또한 거울에 비친 상을 바라보면서 사람은 자신의 매무새를 단정히 한다거나 화장을 하곤 하기 때문에 거울에 비친 상은 현실적인 힘이기도 하다.

다음으로, 익히 알고 있듯이 지구는 태양의 주위를 공전하면서 자전하고 있지만, 지구에서 태양을 보면 지구의 자전은 사라지고 반대로 태양이 동쪽에서 떠올라 서쪽으로 지는 것으로 된다. 지구의 자전이 지구 자체를 반영하고 있는 것이지만, 이 점을 주야의 반복이라는 인간생활의 기초가 되고 있는 현상 안에 지구의 자전이라는 본질이 은폐되고 있는 것으로 파악할 수도 있다. 따라서 반영규정은 본질과 현상이라는 관계하고도 결부되어 있다.

또한 반성이란, 자신의 행위나 체험에 대해 그것이 끝났기 때문에 그것들을 회상하면서 그 옳고 그름이나 의미 같은 것을 음미하는 것을 말한다. 하지만 이 역시 자신의 행위나 체험의 의식에 남겨져 있는 영상을 자기 자신이 보고 생각하는 것이기 때문에, 반영의 일종이자 그것의 발전된 형태이다.

반성의 경우, 자신의 행위나 체험에 대해 그 결과를 알고 있기 때문에 그 결과와 서로 대비해서 음미하게 되므로 아무래도 불충분한 면(부정적인 측면)이 클로즈업(close up)된다. 일상 용어에서 '반성하다'가 '잘못을 인정하다'와 동일한 의미로 사용되고 있는 것은 이 때문이다. 그러므로 반성에서의 자신의 행위나 체험의 영상은 긍정적인 면과 부정적인 면의 강약이 역시 거꾸로 되어 있다고 말할 수 있다. 따라서 지나친 반성은 자신감을 잃게 한다.

그러나 이와 동시에 반성이란 다른 사람을 바라보는 것처럼 자신을 객관적으로 보는 것이다. 왜냐하면 보는 주체인 자신을 바라본다는 것은 보통 할 수 있는 것이 아니기 때문에, 자신을 본다는 것은 타인을 바라보는 것 혹은 한 사람의 인간으로서 자신을 바라보는 것이 된다(다른 사람을 바라보는 것처럼 자신을 본다는 점은 거울에 비친 자신의 상을 스스로 볼 때하고도 동일하다). 이리하여 반성에 의해서 인간은 인간으로 성장해 나가는 것이다.

또한 반성함으로써 비로소 자신의, 그때까지의, 그리고 무엇인가에 구속되었던 행동이라든가 성격·사고방식을 음미하고 변화시킬 수 있기 때문에, 반성은 인간이 자유로워지는 것과도 결부되어 있다(반영규정에 대해서는 『反映と創造』(永井潔 著, 新日本出版社, 1981)를 참고하면 큰 도움이 될 것이다).

반영규정의 논리에 대한 설명이 길어졌는데, 이 논리는 상품의 물신적 성격에서도 그대로 적용된다. 다만 앞에서 언급한 것처럼 마르크스는 등가형태를 보완설명하는 주로서 '왕과 신하'의 예를 들고 있기 때문에, 먼저 그 점에 대해서 간단하게 설명해 두어야 하겠다. 물론 이 점은 내용적으로는 제3장에 해당하는 것이고 또 논리가 좀더 깊이 파고들어가므로, 이 부분을 건너뛰고 다음 2)로 넘어가도 상관없다.

앞장에서 상세하게 설명한 바와 같이, 시계 1개가 쌀 10kg과 교환될 때 시계 1개의 가치가 쌀 10kg으로 표현(=상대적 가치형태)되는 동시에 쌀 10kg은 시계 1개의 등가물이 되며, 이것이 등가형태이다.

'왕과 신하'라는 주가 달려 있는 문장을 포함한 단락(『資本論』①, 98~99쪽)에서 마르크스가 말하고 있는 것은 '등가형태의 수수께끼 같은 성격'에 대해서이다. 시계 1개의 가치가 쌀로 표현되는 경우(=상대적 가치형태), 시계는 다른 상품(쌀)으로 자신의 가치를 나타내고 있기 때문에 사회적인 관계가 전제로 되어 있는 것을 알 수 있다. 그러나 이와 달리 등가형태에 있는 쌀은 쌀이 원래부터 가지고 있는 자연적 속성 때문에 다른 상품(시계)의 가치를 표현할 수 있는 것처럼 보인다. 이것이 등가형태의 수수께끼 같은 성격인데, 본래의 화폐인 금이 그것이 지닌 자연적 속성(황금색으로 빛나는 금속이라는 점 등) 때문에 모든 것을 살 수 있다는 신비스러운 성격을 가진 것처럼 보이는 것은 등가형태의 이 수수께끼 같은 성격이 발전한 형태이다.

그러면 이 수수께끼 같은 성격이 왜 생기는 것일까. 쌀이 다른 상품(시계)의 가치를 표현할 수 있는 성질을 가지고 있다는 것은 쌀이 등가형태라는 '가치관계'에 있기 때문이다. 그러나 일반적으로 물(物)의 속성이라는 것은 관계로부터 생겨나는 것이 아니라 그 물 자체가 지닌 속성이기 때문에 다른 상품(시계)의 가치를 표현할 수 있다는 식으로, 쌀의 이러한 성질도 관계로부터 생겨난 것으로 보이지 않고 쌀이 지닌 자연적 속성인 것처럼 보인다.

그런데 '왕과 신하'에 관한 주는 등가형태의 수수께끼 같은 성격을 설명한 단락 전체에 대한 주가 아니라, 등가형태라는 '가치관계'에 대한 주이다. 왜 '왕과 신하'라는 예가 제시되고 있는가 하면, 등가형태에 있는 쌀을 '왕'으로, 시계를 '신하'로 비유하고 있기 때문이다. 쌀이 시계(=신하)의 가치를 표현할 수 있다는 것은, '쌀이 등가물(=왕)이기 때문'인 것처럼 보이지만, 사실은 '시계(=신하)가 자신의 가치를 쌀로 표현하고 있기 때문'이라는 것을 말하고자 하기 위해서이다. 이것이 등가형태의 수수께끼 같은 성격의 첫번째 원인이다.

등가형태가 발전하여 화폐가 되기 때문에, 등가형태에 대해 말하는 것은 화폐에 대해 말하는 것이기도 하다. 쉽게 말해서, 화폐가 있기 때문에 모든 상품에 가격이 매겨지고 화폐로 뭐든지 살 수 있는 것처럼 보이지만, 사실은 모든 상품의 가치표현이 화폐형태(가격)로까지 발전했기 때문에 그렇게 보인다는 것이다.

2) 가치나 가격이 자신들의 생산을 지배하는 것은 아주 당연하다고 생각한다

그러면 상품의 물신적 성격에 관한 문제로 들어가 보자. 들어가기에서 설명했던 것처럼, 사회적 생산구조가 개개 생산자가 독립해서 사적으로 생산을 하는 형태일 경우에는, 생산 면에서의 개개 생산자들간의 직접적인 관계가 단절되어 있기 때문에 개개 생산자는 각각의 사적인 생산물을 서로 교환함으로써만 사회적 생산에서의 관계를 회복하고 조정할 수 있다. 즉 사적인 생산자들은 상품을 만들어내지 않을 수 없다는 것이다. 이것이 제1 작용이다. 상품의 가치란 그 상품생산물을 생산한 사적인 생산자의 노동시간이 그 상품생산물에 반영된 것이며, 이른바 사적 생산의 영상(映像)이다.

그런데 사적인 생산자들로서는, 제1 작용은 보이지 않고 사라져 버리고 상품과 그 가치(가격)가 자신들의 생산을 조절하고 지배하는 것으로만 비칠 뿐 아니라 현실적으로 그와 같이 작용한다. 이것이 제2 작용이다. 이 제1 작용과 제2 작용의 관계는 지금까지 설명한 반영규정의 논리를 적용시켜 생각해 보면 이해하기가 쉬워질 것이다.

마지막으로, 이 제2 작용에 관해 마르크스가 언급하고 있는 대목을 두 가지만 아주 짧게 인용해 보기로 하자.

가치의 크기는 교환하는 사람들의 의지·예측 및 행위와는 관계없이 끊임없이 변동한다. 교환하는 사람들 자신의 사회적 운동은 그들에게는 모든 물(物)의 운동이라는 형태를 취하며, 그들은 이 운동을 제어하는 것이 아니라 이 운동에 의해 제어당한다. (『資本論』 ①, 127쪽)

상품의 가격의 중심인 가치는 생산성의 상승이나 생산의 모든 조건 등이 변화함으로써 끊임없이 변동한다. 이러한 변동을 생겨나게 한 것은 상품생산자 자신이지만, 상품생산자는 끊임없이 그것에 적응하지 않으면 안 된다. 상품생산자에게 가격경쟁은 피할 수 없는 것이다.

그런데 상품세계의 바로 그 완성형태 — 화폐형태 — 야말로 모든 사적 노동의 사회적 성격을 그리고 또 그 때문에 사적 노동자들의 모든 사회적 관계를 공공연히 드러내지 않고 오히려 물적으로 은폐하는 것이다. …

　　이런 유의 모든 형태야말로 바로 부르주아 경제학의 모든
카테고리를 구성하고 있다. 그것들은 상품생산이라는, 역사
적으로 규정된 이 사회적 생산양식의 모든 생산관계에 대응
하는 사회적으로 타당한, 따라서 객관적인 모든 사유형태들
인 것이다. (『資本論』 ①, 129쪽)

　　화폐형태란 가격 그 자체이기 때문에, 상품이 가격을 가지고
있다는 것은 사적 생산자들의 모든 사회적 관계를 볼 수 없게
만든다는 것이다. '물적으로 은폐한다'는 것은, 예를 들어 왕의
통치체제에서는 왕이 존재하고 신하를 복종하게 하는 것이 지
극히 당연한 것으로 생각될 수 있었던 것과 마찬가지로, 상품의
가격과 같은 물적인 것이 지극히 자연적인 것으로서 존재하고
상품생산자들의 생산이 이 가격에 의해 제어당하는 것도 당연
하다고 생각되어 버리는 것과 같은 의미이다.
　　부르주아 경제학은 이와 같은 의미로 파악된 가격 등의 개념
을 그대로 사용해서 성립되었는데, 상품생산 사회에서는 사람
들이 이 부르주아 경제학과 똑같은 사고방식으로 생각한다고
마르크스는 말하고 있는 것이다.
　　오늘날의 근대경제학이 가령 시장경쟁의 원리를 고취시키고
또 그것이 상당한 영향력을 가지는 것 역시 오늘날의 사회가 상
품생산 사회인 이상 객관적으로는 어쩔 수 없는 면이 있기는 하
지만, 이 같은 사고방식을 깨부수는 것이 사회진보를 위해서도
그렇고 학문을 위해서도 필요하다.

들어가기에서는 "상품교환과 사적 생산의 발전은 공동체를 해체하는 방향으로 작용했다"고 서술하고 있다. 상품생산이나 사적 생산과 공동체가 원리적으로 대립한다는 것은 알겠지만, 구체적인 예를 들어서 좀 더 설명해 주기 바란다.

각 나라 각 지역에서 공동체가 어떻게 해체했는가 혹은 해체하고 있는가 하는 문제는 경제학뿐만 아니라 역사학·사회학·민족학·문화인류학 등의 실증연구 과제이다. 여러 가지 사례가 있겠지만, 여기서는 『잉카의 마지막 노예들(インカの末裔たち)』(山本紀夫 著, NHKブックス, 1992)에 나오는 내용을 소개하겠다.

안데스 고지 인디오의 살림살이

이 책에서는 안데스의 해발 4천 미터의 고지에 살고 있는 인디오들의 살림살이(경제와 생활)가 생동감 있게 그려지고 있다. 이 책의 저자는 페루 쿠스코(Cuzco) 지방의 마르카파타 마을에 정착해서 어렵사리 인디오들과 함께 생활해 나가면서 10년에 걸쳐 조사한 내용을 쓰고 있는데, 인디오들에게는 여전히 공동체의 강한 규제가 남아 있을 뿐만 아니라 상품경제(시장경제)의 침투가 이런 공동체를 해체하는 방향으로 작용하고 있다는 사실이 보고되고 있다. 아래에서는 공동체 및 그 해체와 관련된 서술에 주목해서 그 일부를 소개한다.

　마르카파타 마을은 면적이 오사카(大阪) 정도 되고 해발 1천 미터에서 5천 미터에 이르기까지 고도 차가 매우 큰 고지로, 인구는 4천~5천 명이다. 이 마을의 한가운데는 페브로(취락 · 읍)가 있고, 여기에는 200~300명의 미스티(메스티소)가 살고 있다. 일반적으로 미스티(Misti)는 백인과 인디오의 혼혈을 의미하지만, 여기서는 '스페인어를 알고 전통적인 인디오의 생활양식으로부터 떨어져 나간 사람들'을 가리킨다. 이 마을의 실권은 인디오가 아니라 이 미스티들이 장악하고 있다.

공동경작지와 공동노동

이 마을은 잉카 시대 '아이유 공동체'의 전통을 이어받은 지연 · 혈연적인 색채가 매우 강한 네 개의 공동체로 구성되어 있다. 저자는 이 공동체도 아이유 공동체라고 부르면서, 이 공동체의 역할에 대해서 다음과 같이 쓰고 있다.

　이들의 농업과 목축 모두 기본적으로는 아이유 공동체의 규제 아래 운영되고 있다. 구체적으로 말하자면, 옥수수든 감자든 그 파종기와 수확시기가 다 공동체의 모임에서 결정되고 있다. 이 모임은 한 달에 한 번씩 페브로에서 열리는데, 각각의 아이유 공동체들마다 그 공동체에 속해 있는 인디오와 미스티들이 참석해서 모임을 가진다. 이 모임에서는 농삿일뿐만 아니라 공동체 내에 있는 학교나 도로 따위의 수리 및 복구에 관련된 공동노동에 대해서 서로 의논한다. 특히 공동경작지에는 울타리가 둘러쳐져 있는데, 이 또한 공동체의 공동노동으로 한 것이며 이 울타리를 수리하는 일도 공동체의 공동노동으로 이루어진다. 이 울타리는 가축이나 해로운 짐승이 들어가는 것을 막기 위한 것이다. 그리고 곡식 심기가 끝나면 아라리와라고 부르는 파수꾼이 망을 보는데, 이 파수꾼 역시 모임에서 뽑는다. (같은 책, 128쪽)

안데스 고지의 인디오들은 고도 차를 활용해서 농사를 짓고 있다. 해발 4천 미터가 넘는 지역(다습한 초원은 이곳밖에 없다)에는 라마나 알파카(안데스 특산의 낙타과 가축)를 방목하고, 해발 4,200~3,000미터 지역에서는 감자를, 그리고 해발 3천 미터 이하 지역에서는 옥수수를 재배하고 있다. 그리고 감자는 고도 차가 1천 미터 이상 나는 곳에서 재배하고 있는데, 인디오들은 이 지역을 고도에 따라 네 개의 재배지역(강우량이나 기온 면에서 상당히 차이가 난다)으로 나누어서 공동체의 공동경작지를 만들고 네 개 품종군의 감자를 재배하고 있다.

고도 차를 이용한 농사가 지금과 같은 식으로 이루어질 수 있는 것은 공동체의 규제가 있기 때문이라고 저자는 보고 있다. 첫째는, 공동경작지의 울타리(돌담)와 그 수리 및 복구 그리고 파수꾼의 역할이다.

파종기나 수확기가 아닐 때도 이들이 이따금 밭에 나가야 하는 것은 공동경작지 주위를 둘러싸고 있는 울타리가 중요하기 때문이다. 마르카파타에서는 가축을 여러 마리 기르고 있기 때문에, 이 울타리가 없으면 가축들이 밭에 들어가 해를 입힌다든가 여우나 사슴 따위도 해를 입힌다.

　또한 파종 후에 밭을 순찰하고 다니는 파수꾼 아라리와도 해를 끼치는 짐승들은 물론이거니와 도둑을 지키고, 나아가 규칙을 어기고 밭에 가축들을 들여보내는 사람이 없도록 미연에 방지하는 역할을 한다. (같은 책, 154쪽)

울타리와 파수꾼의 중요성은, 미스티들 중에서 사유 경작지를 가진 사람들이 울타리와 파수꾼이 없어서 어려움을 겪고 있는 데서도 실증된다고 한다.

둘째는, 상부상조식 노동교환의 역할이다.

　같은 공동경작지에서 같은 시기에 많은 사람이 모이기 때문에, 이 사람들 사이에서 상부상조할 수 있을 터이다. … 인디오들은 농사든 목축이든 그 작업을 기본적으로 가족 단위로 한다. 이 때문에 농번기처럼 바쁠 때는 가족들의 노동력만으로 부족한 경우도 당연히 있게 마련이다. 이럴 때 상부상조가 이루어지는 것이다. 도움을 받은 가족은 다른 기회에 같은 양의 노동력으로 보답을 한다. 이때 식사와 곁들여 술이나 코카(coca)를 흔히 내오기도 한다. (같은 책, 155~56쪽)

부등가의 물물교환

이와 같이 안데스 고지의 인디오들에게는 공동체의 규제가 강하게 남아 있지만, 이것과 관련해서 마르카파타 마을 안팎의 사람들 사이에서 이루어지고 있는 물물교환에 대한 매우 흥미있는 사실이 보고되고 있다.

이들의 교환방법은 헤아리기 어려워서, 상식적으로는 이해할 수 없다. 특히 교환비율이 한쪽에 불리하게 되어 있는 것같이 여겨지기 때문이다. 알파카 한 마리의 고기는 앞에서 말한 코스탈이라는 운송용 포대 두 포대 양의 옥수수와, 양고기는 옥수수 한 포대와 교환하는 것으로 정해져 있다. 또 감자와 옥수수는 항상 똑같은 양으로 교환한다고 한다. 감자나 옥수수 모두 해마다 수확량이 다르고, 그에 따라 가격 역시 달라지게 마련이다. 아마 시장에 가지고 가서 팔면, 반드시 어느 한쪽이 손해를 볼 게 틀림없다.

이 같은 불균형 교환은 안데스 곳곳에서 이루어지고 있는데, 더구나 이 불균형 교환은 일반적으로 상당히 오랜 시간에 걸쳐서 정착되었으며 지방마다 관습화되어 있는 것으로 알려져 있다. 즉 이 교환비율은 시장경제와는 관계없이 관습적으로 정해진 것이다. … 교환을 하는 사람들 관계가 단순히 물(物)과 물 또는 물과 노동을 교환하는 관계에 머무르지 않고 다양한 상호부조를 보증하는 관계로 되고 있는 것이다. 알기 쉽게 말하자면 피차일반이라는 것이다. (같은 책, 157~58쪽)

이 사실은 이렇게 생각될 수 있다. 즉 공동체적인 관계(공동체 내에서뿐만 아니라 모든 공동체들 사이에서도 공동체적인 관계가 존재한다) 아래에 있는 사람들 사이에서 이루어지는 물물교환은 상호부조인 동시에 상호부조를 보증하기 위해서 이루어지는, 다시 말해 공동체로서의 관계를 강화하기 위해 수행되는 측면을 지니고 있다는 것이다. 이를 위해서는 등가교환일 필요가 없다. 이 점에서는 오늘날 가족이나 친구들 사이에서 이루어지고 있는 선물교환과 비슷하다.

물론 각 공동체가 상호 독립적으로 되고 교환이 자주 이루어지게 되면, 등가교환이 필요하게 될 것이다.

공동체에의 상품경제의 해체작용

그런데 상품경제(시장경제)의 침투는 안데스 고지 인디오들의 공동체를 해체하는 쪽으로도 작용하고 있는데, 저자는 '풀리기 시작한 상호부조의 그물'이라는 제목을 붙여 다음과 같은 사실을 쓰고 있다. 조금 길지만 인용해 보기로 하자.

우선 페브로에 마구잡이로 들어서 있는 상점들이 눈에 띈다. … 1978년 당시 페브로에는 잡화점이 열 개 가량 있었다. 이것만으로도 100호 가량의 촌락에서는 너무 많다 싶을 정도인데, 이윽고(1987년경―인용자) 이 숫자가 두 배가 넘었다. 게다가 광장에 시장까지 서게 되었다. 맨 처음에는 이따금 일요일날 야채 등속을 파는 사람들을 드문드문 볼 수 있는 정도였다. 그러던 것이 오래지 않아 일요일마다 수십 명의 마을 사람들이 과일이라든가 빵, 나아가서는 청량음료까지 팔게 되었다.

… 이와 같은 현금경제의 침투는 미스티들에게만 그치지 않는다. 그것은 인디오의 살림살이에도 슬며시 다가왔다. 예를 들어 이 현금경제는 옥수수를 수확할 때 교환하러 오는 사람이 해마다 줄어들어 가는 데서도 나타나고 있었다. 그 직접적인 원인은 테러에 대한 공포였다.

… 이러한 재난(테러 등—인용자)이 두려워 유목민들이 오지 않게 되었다고 하는 이유는 하나의 계기에 지나지 않을 것이라고 나는 보고 있다. 유목민들은 훨씬 전부터 시장경제의 영향을 받고 있었던 것이다. 일본에서도 알파카 스웨터가 알려지게 되었을 정도로, 알파카 털의 품질은 국제적으로도 평가받아 왔다. 이와 더불어 알파카 털의 가격이 크게 올랐기 때문에, 털을 취급하는 상인들이 산간벽지까지 사러 다니게 되었다. 즉 이전처럼 며칠씩 걸려서 대상(隊商, caravan)을 꾸리지 않아도, 기다리고 있으면 상인이 사러 오는 상태가 되었던 것이다. 그리고 털을 비싸게 팔아서 현금을 얻을 수 있으면 그것으로 좋은 것을 살 수가 있다. 예를 들어, 앞에서 잠깐 언급했던 마르카파타에서 유일하게 오직 목축만 하는 와라코니 촌락의 유목민들도 이미 그렇게 하고 있다.

… 어느새 마르카파타에서 옥수수나 감자와 교환하지 않아도, 털을 팔면 그런 것은 얼마든지 손에 넣을 수 있게 되었다. 그렇게 하지 않는 것은 옛날부터 교제했다거나 우정 때문이라

고 한다. 물론 알파카 털이 비싸게 팔리는 것은 와라코니의
유목민들뿐 아니라 마르카파타 마을 사람들 모두가 다 알고
있다.

그렇기 때문에 누구나 알파카를 한 마리라도 더 많이 가지려
고 한다. 그러나 목축만 전업으로 하는 게 아니라 농사와 목축
을 겸하게 되면, 방목할 수 있는 가축 마릿수는 한계가 있다.
키스파 씨의 집(저자가 함께 생활했던 집―인용자)처럼 라마와 알
파카, 양 모두 합해서 100마리 정도면 정말 충분한 것 같다. 가
축이 이보다 많아지면 농사를 희생할 수밖에 없는데, 그것은
어려웠다. 인디오들의 농사는 공동체의 규제 아래 있는데다,
공동노동도 많기 때문이다. 이리하여 대부분의 가정은 농사도
그렇고 목축도 최대한 한계점까지 열심히 올려놓고 있는 상태
이다.

… 어쨌든 같은 마르카파타 마을 사람인 와라코니의 유목민
들 입에서까지 물물교환을 하지 않아도 염려할 필요가 없다는
말이 나오고 있는 터라, 마르카파타 마을이 아닌 다른 곳에
사는 유목민들이 기회만 닿으면 물물교환을 그만두고 싶다고
생각하는 것도 이상할 게 없다. 그러나 지금까지 물물교환의
당사자들은 단순히 물건과 물건을 교환하는 관계만은 아니었
다. 무엇보다도 여러 가지 상부상조의 관계가 있었기 때문에
불균형한 교환비율로 물건과 물건 혹은 물건과 노동을 교환했
던 것이다. 이런 물물교환을 중단해 버렸을 때, 지금까지 둘러
쳐져 있던 상부상조의 그물은 어떻게 될까. 잉카 시대의 대규

모 수직통제 시스템이 스페인 사람들의 침략으로 붕괴되어 버렸던 것처럼, 이제 또 시장경제의 진입에 의해 잉카 시대부터 이어져 오는 전통을 가진 공동체의 통합도 소멸해 가고 있는 것일까.

… 가장 큰 변화 또한 일어나기 시작했다. 앞에서 말한 와라코니의 유목민들이 이 제사(4년에 한 번씩 마을 사람들이 모두 모여 지내는 제사로서, 공동체를 통합한다는 의미도 있다—인용자)를 계기로, 자신들이 속해 있는 코야슈 공동체(마르카파타 마을을 구성하고 있는 네 개의 공동체 가운데 하나—인용자)로부터 독립하려는 움직임을 보였던 것이다. 어쩌면 알파카 털을 통해서 마르카파타 바깥세계와 관계를 맺게 된 유목민들에게 공동체는 점점 아무런 의미가 없는 것이 되어버렸던 것일지도 모른다. (같은 책, 224~28쪽)

조금 길게 인용했으나, 이것을 읽으면 시장경제(상품경제)가 점차 침투하고, 특히 알파카 털이 상품으로서 비싸게 팔리기 시작한 것이 인디오 공동체를 해체하는 방향으로 작용하고 있다는 것을 알 수 있다. 정리해 보면, 다음 세 가지 사실이 보고되고 있는 것으로 생각된다.

첫째로, 목축을 전업으로 하는 촌락이 공동체로부터 독립하려는 움직임을 보이기 시작하고 있다. 둘째로, 농사와 목축을 겸업하고 있는 농민들도 목축을 가능한 한 늘리려고 하고 있지만 농사에서 손을 떼려고 하는 것은 공동체의 규제와 대립한다. 그리

고 셋째로, 상부상조의 역할과 더불어 공동체로서의 관계를 강화
하는 역할을 담당하고 있었던 물물교환이 쇠퇴해 가고 있다.

2 사회주의 사회에서 상품생산이 점점 사라지게 되면 생산물이 가격
을 가지는 일도 없어지게 될까. 또 가치는 어떻게 되는 것일까.

자본주의 사회처럼 공장이나 농장 등의 생산단위가 개개의 사적
인 기업으로 분리되어 있는 사회에서는 각각의 생산물을 상품으
로 교환하지 않을 수 없기 때문에, 생산물은 필연적으로 상품이
라는 형태로 된다. 그와 동시에 생산물에 포함된 노동시간을 가
치량으로 삼고, 가격이나 화폐를 창출하게 된다. 이상은 여기 제
4장까지에서 설명한 내용인데, 이와 같이 자본주의 사회와 가
치·가격의 관계는 명확하다.

그렇다면 공장이나 농장의 생산수단이 전사회(전국민)의 것이
되고 각 생산단위가 사적이지 않고 전사회적인 계획경제가 가능
한 사회주의 사회, 공산주의 사회에서는 생산물의 가치라든가 가
격은 어떻게 되는 것일까. 마르크스는 어떻게 서술하고 있을까.
자주 인용되는 문장 세 개를 먼저 살펴보기로 하자. 그것들을 출
발점으로 해서 해설해 보고자 한다.

또한 일반적으로 자본주의 사회로부터 갓 태어난 낮은 차원의
공산주의 사회를 사회주의 사회라고 부르지만, 여기에서는 좀더
거칠게 양자를 모두 사회주의 사회라고 부르기로 하겠다.

마르크스의 세 문장

우선 첫째로, 『자본론』 제I권 제1장에는 다음과 같은 서술이 있다.

공동의 생산수단으로 노동하고 자신들의 대부분의 개인적 노동력을 자각된 의식으로 하나의 사회적 노동력으로서 지출하는 자유로운 사람들의 연합체를 생각해 보자. … 오로지 상품생산과 대비하는 것만을 위해서 각 생산자에게 분배되는 생활수단의 몫이 그 사람의 노동시간에 의해 규정되는 것이라고 전제하자. 그렇게 되면 노동시간은 이중의 역할을 하게 될 것이다. 노동시간의 사회적 · 계획적 배분은 다양한 욕구에 대한 다양한 노동기능의 정확한 비율을 규제한다. 동시에 다른 한편으로 노동시간은 공동노동에 대한 생산자들의 개인적 참가도의 척도로서 유용하고, 그렇기 때문에 또한 공동생산물 가운데 개인적으로 소비될 수 있는 부분에 대한 생산자들의 개인적 분배몫의 척도로서 유용하다. (『資本論』 ①, 133〜34쪽)

둘째로, 『자본론』 제II권 제49장에서는 이렇게 쓰고 있다.

자본주의적 생산양식이 지양(止揚)된 후에도, 그러나 사회적 생산이 유지되려면 가치규정은, 노동시간의 규제 및 다양한 생산그룹들 속에서의 사회적 노동의 분배, 마지막으로 이것에 대한 부기(簿記)가 이전보다 훨씬 더 필수불가결한 요소가 된다는 의미에서, 여전히 중요하다. (『資本論』 ⑬, 1490쪽)

위 문장에서 '중요하다'를 '유력하게 작용한다'로 번역한 경우
도 있는데, 이렇게 옮기는 것이 의미를 파악하기는 더 쉬운지도
모른다.

셋째로, 마르크스의 『고타강령비판』에는 다음과 같은 문장이
있다(1875년 독일의 양대 노동자당이 고타라는 곳에서 합동대회
를 개최하여 합동을 위한 새로운 강령을 채택했는데, 『고타강령
비판』은 그 강령초안에 대한 마르크스의 비판이다. 이 책에서 마
르크스는 국가론 및 공산주의 · 사회주의의 기본 명제를 서술하
고 있다).

생산수단의 공유를 토대로 하는 협동조합적 사회의 내부에
서는, 생산자는 그 생산물을 교환하지 않는다. 마찬가지로 거
기에서는 생산물에 지출된 노동이 이 생산물의 **가치로서**, 즉
그 생산물에 구비된 물적 특성으로서 나타나는 것도 아니다.
왜냐하면 이제는 자본주의 사회와 달리 개개의 노동은 이미 간
접적인 것이 아니라 직접적으로 총노동의 구성부분으로 존재
하기 때문이다(고딕체는 원저자 강조). (マルクス · エンゲルス 著, 全
集刊行委員會 譯, 『ゴータ綱領批判, エルフルト綱領批判』, 國民文庫,
大月書店, 25쪽)

사회주의 사회에 대해서 쓰고 있는 이들 세 문장의 중심점은
다음과 같이 정리할 수 있을 것이다. 첫번째 문장은, 노동시간은
생산의 규제에 유용하지만 어떤 전제 아래서는 분배의 규제에도

유용하다는 점을 서술하고 있다. 두번째 문장은 가치규정이 중요하다는 점을, 세번째 문장은 생산물은 가치로서 나타나지 않는다는 점을 말하고 있다. 첫번째 문장의 노동시간의 역할에 대해서는 문제가 없겠지만, 두번째와 세번째 문장은 상호 모순되는 것처럼 보일 수도 있다. 이 점에 관해서는 어떻게 합리적으로 이해하면 좋을까.

질문 2의 대답 첫머리에서도 서술했던 것처럼, 자본주의 사회는 생산물이 필연적으로 상품으로 되고 가치로 되는 사회이다. 그러나 사회주의 사회에서는 그 필연성이 없어지기 때문에, 생산물은 가치로서 나타나지 않게 된다. 읽어보면 알 수 있듯이, 세번째 문장은 바로 이 점을 말하고 있다. 그러므로 『고타강령비판』에 나오는, 앞의 세번째 인용문에는 아무런 문제가 없는 것이다.

두번째 문장을 어떻게 이해할 것인가

그렇다면 문제는 『자본론』 제Ⅲ권에 나오는 두번째 문장이다. 세번째 문장을 전제로 한다면, 두번째 문장은 생산물은 가치로서 나타나지 않지만 가치규정은 여전히 중요하다고 말하고 있는 셈이다. 그렇다면 이것을 좀더 이해하기 쉽게 말한다면, 어떤 것이 될까. 이런저런 논쟁의 여지가 있겠지만, 나는 대강 다음과 같이 해석하고 있다.

인용은 하지 않았지만, 마르크스는 이 두번째 문장을 대표적으로 잘못된 견해에 대해서 올바른 견해를 대치시킨다는 문맥하에 쓰고 있다. 즉 모든 생산물이 개개인에게는 가치로 파악되지만 국민 전체로서는(국민소득을 파악할 때는) 효용(사용가치)으로 파악되어야 한다는 잘못된 견해에 대해서, 마르크스는 첫째로 생산이 가치를 기초로 해서 이루어지고 있는 자본주의 사회의 경우 국민 전체를 단순히 효용을 위해서 일하는 조직으로 보는 것은 잘못된 것이다(요컨대 국민소득도 가치로 파악되어야 한다)라고 지적한 다음에, 둘째로 "자본주의적 생산양식이 지양된 후"(사회주의)에는 어떠한가라는 대목에서 이 두번째 문장을 대치시키면서 "가치규정은 … 여전히 중요하다"고 말하고 있는 것이다.

그것은 사회주의 사회가 되어도 국민 전체의 노동을 조직한 다음에 모든 생산물은 단순히 사용가치(유용물)로서만 파악되는 것이 아니라 그 생산물에 포함된 노동시간을 표현하는 가치(나아가 그 가치의 표현형태인 가격)로 파악될 필요가 있다는 것이다.

모든 사회체제를 통해서 사회적 생산의 규제(control)는 노동시간에 의해서 수행된다. 자본주의 이전의 사회체제에서는 각 생산물의 생산에 얼마만큼의 노동시간을 배분할 것인지 등을 기본적으로 사회가 직접 규제했다.

이렇게 하는 것이 원리적으로 무리인 자본주의 사회에서는 생산물이 상품으로 되고, 포함된 노동시간이 가치(나 가격)로 되며, 제2장 제3절에서 설명한 바와 같이 그 가치(나 가격)에 의해서 수요공급이 조절된다. 다시 말해 자본주의 사회에서는 사회적 생산이 가치(나 가격)라는 물적인 것을 매개로 해서 노동시간에 의해 규제되고 있는 것이다.

다음으로, 사회주의 사회로 되면 다시 각 생산물에 얼마만큼의

노동시간을 배분할 것인지 등을 사회가 직접적으로 규제하는 것
이 가능해진다. 그러나 이때 자본주의 사회에서 발전한 가격규정
(생산물에 포함된 노동시간이 가치, 나아가서는 가격으로 표현되
는 것)은 폐기되기보다는 오히려 중요한 역할을 하게 된다는 것
이다. 마르크스는 이상과 같이 서술하고 있는 것은 아닌가 하고
나는 생각하고 있다.

가치(가격)는 여전히 중요 지표이다

사회주의 사회가 자본주의 사회로부터 갓 생겨남으로 해서 수많
은 중소기업이나 자영업들이 아직도 전사회(전국민)의 소유로 되
지 않고 사적으로 경영되고 있는 경우에는, 당연히 상품교환이
광범위하게 남아 있게 마련이다. 그러나 여기서 문제로 삼고 있
는 것은, 대부분의 생산단위(기업)가 전사회의 소유인 경우, 예를
들어 국유기업(이 경우 국가의 주권이 진정으로 국민에게 있지
않으면 안 되지만)이나 공적인 집단이 소유하는 기업이 대다수인
경우이다.

이처럼 기업은 전사회의 소유로 되었다 하더라도 실질적인 생
산은 개개 기업 단위로 이루어지기 때문에, 거기에서 생산된 모
든 생산물에 얼마만큼의 노동시간이 투여되고 또 얼마만큼의 노
동량이 포함되었는가 하는 것은 이들 개개 기업이 파악해서 각
생산물별로 표시해야 한다. 그리고 이런 파악과 표시는 직접적인
노동시간이 아니라, 가치(제2장 제2절에서 설명한 '광의의 생산
비')에 의해서 이루어진다고 생각된다.

　1kg의 쌀은 노동시간 1시간분, 1개의 시계는 노동시간 2시간분 등과 같은 식으로 파악하고 표시하는 것이 아니고, 여전히 1kg의 쌀은 5천 원, 1개의 시계는 1만 원 등으로 파악·표현된다는 것이다.

　어떤 생산물의 평균적·표준적인 가치가 개개 기업의 생산물 가치를 바탕으로 해서 형성되는 것 역시, 그것이 시장을 통해서 이루어지는가 혹은 부기(簿記)를 이용해서 계획적으로 수행되는가 하는 것과 관계없이 자본주의의 경우와 동일할 것이다.

　사회주의 사회에서는 생산이 자본주의 사회에서와 같이 가치라는 물적인 것에 의해 지배되지는 않는다 할지라도, 사회가 생산을 컨트롤할 때 가치가 중요한 지표라는 것은 명확하다.

　왜냐하면 사회 전체로 보면 전체 노동시간은 한정되어 있고, 따라서 전체 생산물의 총가치(국민소득)도 한정되어 있기 때문이다. 또 개인 차원에서 보더라도, 분배방식과 무관하게 개인에게 분배되는 가치(개인의 소득)는 한정되어 있기 때문이다. 이럴 때 사회나 개인의 생산물에 대한 수요를 파악하기 위해서는 개개 유용물의 가치(가격)가 결정되지 않으면 안 되기 때문이다.

　뿐만 아니라 생산을 향상시키기 위해서는 모든 생산물의 각 기업의 가치(생산비) 및 평균적·표준적인 가치(생산비)를 끊임없이 낮출 필요가 있기 때문이다.

　또한 사회주의 사회가 가치를 지표로 해서 생산(공급)과 수요를 조직할 때는 일정한 범위에서 시장(과 시장가격)을 이용하는 것, 다시 말해 가치법칙의 작용을 계획적으로 이용하는 것 역시

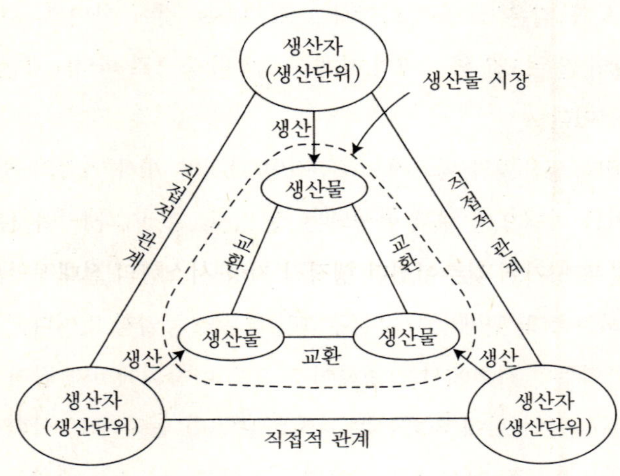

필요하다고 생각된다(자본주의 생산에서 생산자와 생산물의 관계를 나타낸 〈그림 3〉과 대비시켜서 이 시장이용형 사회주의 생산을 그림으로 표시하면 〈그림 4〉와 같다).

결국 내가 생각하기에는, 사회주의 사회가 된다 할지라도 생산물의 가치나 가격은 사라지지 않을 것이라고 보는 것이다.

소련 경제가 실패한 한 가지 원인

사회주의 경제를 건설하려다 실패한 소련의 경우, 그 실패 원인 가운데 하나는 모든 생산물의 가격이 가치에 근거하지 않고 정부에 의해 자의적으로 결정되었다는 데 있다. 이 같은 사실을 지적하고 있는 문장 두 개를 인용해 보면 다음과 같다.

우리나라에는 대단히 흥미롭다고 하기보다는 오히려 어리석다고 말하지 않으면 안 되는 것이 있는데, 다름아니라 지금까지 가격기구를 유지시켜 왔다는 사실이다. 왜냐하면 이 가격 메커니즘은 상품의 생산비용(cost) 수준은 물론이거니와, 상품의 수급관계도 나타내고 있지 않기 때문이다. 이 가격 메커니즘의 거의 대부분은 30년대에 형성되었다. 게다가 이것은 똑같은 시기에 갖추어졌던 행정적 지령 시스템의 절대적인 필요를 충족시키기 위해서 만들어진 것이다.

… 인위적으로 농업으로부터 가치를 빼내서 이것을 공업으로 보낸다는 이 생각은 무척이나 명료하고 단순했기 때문에, 이것을 실현하기 위해서 가격 메커니즘을 이용하자는 제안이 나왔던 것이다.

… 그러한 특징을 지닌 것이 오늘날에도 존재하고 있다는 의미이다. 다시 말해 가격의 형성이 수급관계를 기초로 해서 이루어지거나 노동을 비롯한 기타 비용(cost)을 토대(base)로 해서 이루어지는 것이 아니라 오로지 집권적 중앙이 그것을 결정한다는 것이다. 지금도 우리나라에서는 사실상 모든 가격은, 지하경제(shadow economy, 비공식 암시장 black market), 콜호즈 자유시장과 별도로 모두 고스콤첸(국가가격위원회)이 결정하고 있다. 이 고스콤첸은 중앙부처에서 제안하는 모든 가격을 인가해 주어야 하는데, 이런 체계의 기본적인 사고방식은 NEP[8] 이후 30년대 들어와서 형성된 것이다. 정부는 모든 가격을 인가하는 전권을 장악한 것이다(ユーリー・マリツェフ, イーゴ

リ・オレイニク 著, 中山弘正 編譯, 『ペレストロイカ經濟改革』, 岩波
書店, 1990, 256～58쪽)

　가격형성의 실체로서의 인간 노동은, 유효한 규제적 개념으
로서는 소련 경제학이나 소련의 현실적인 경제운영에서 추방
되어 버렸다고 보아도 좋지 않을까 생각한다.
　국가정치에서 인민의 주권과 민주주의가 확보되어 있지 않
다는 조건이 있고 그리고 경제계획에서는 재화의 균형
(balance)이 중심적인 의미를 가지고 있던, 즉 재화를 직접적
으로 움직이는 균형만이 의미를 가지는 상황에서는, 관리기구
와 그 재화의 관리기구를 장악한 관료들이 경제 주권자로서 행
세했다. 이것은 과학적 사회주의의 창시자가 생각했던 사회주
의로부터 … 크게 벗어난 것이었다고 나는 생각한다. (出羽弘,
「ペレストロイカ下のソ連經濟」, 經濟編輯部, 『どうなるソ連・東歐經
濟』, 新日本出版社, 1990, 13～14쪽)

---

8) 1921년부터 자본주의적 방법을 부분적으로 채택하여 실시한 소련의 신경제
　정책(New Economic Policy)을 말함—옮긴이.

제5장   **자본이란 무엇이며, 이윤이란 무엇인가**

| 들어가기 |

자본이란 무엇이며, 이윤이란 무엇인가

지금까지 상품, 가치, 화폐 및 상품생산 사회의 근본적인 특징을 밝혔으므로, 이제 자본과 이윤의 문제를 다룰 수 있는 단계가 되었다.

(1) 우선 자본은 이윤(이득)을 얻기 위해 사용되는 화폐액수이지만, 엄밀하게는 자기증식하는 가치이다

① 자본이란 이득을 목적으로 하는 사업을 경영하는 데 밑천이 되는 자금(화폐)을 말한다. 그리고 이 자본을 가지고 한 사업이 이득을 창출했을 경우, 그 이득이 자본에 의해서 창출되었다고 파악될 때 그 이득을 자본의 증가분, 즉 이윤이라고 부른다. 또한 자본에 대한 이 이윤의 비율(자본의 효율)을 이윤율이라고 부른다.

예를 들어 1억 원의 자본으로 일정 기간 공장을 운영한 결과, 1억 2천만 원의 수입이 생겼다고 하면, 그 사업의 이득은 2천만 원이 되는 것이다. 자본금 1억 원이 이 이득을 창출했다고 파악한다면, 그 자본의 효율 즉 이윤율은 20%이며 자본이 창출한 이득인 이윤은 2천만 원이다.

② 일반적인 상품유통은 상품생산자(소유자)가 상품을 팔아서 화

폐를 얻고 그 화폐로 자신이 필요로 하는 상품을 사는 것이기 때문에, 그 운동은 '상품 – 화폐 – 상품'으로 표현할 수 있다. 이와 달리 자본의 목적은 화폐를 사용해서 사업을 운영하고 그 자본금을 초과한(이윤을 포함한) 화폐를 회수하는 것이기 때문에, 자본의 운동은 '화폐 – 상품 – 증가한 화폐'로 표현한다.

이 정식에서는 상품이 매개로 되어 있는데, 그 이유는 자본에 의해 운영되는 사업이 상업인 경우를 보면 이해하기가 쉽다. 상업은 화폐로 상품을 구입해서 판매하여 화폐를 얻는 것이기 때문이다. 자본에 의해 운영되는 사업이 생산일 경우에도 화폐로 원재료나 기계 · 노동력 등의 상품을 구입해서 생산물을 생산하고 그 생산물을 상품으로 판매하여 화폐를 얻기 때문에 이 운동 역시 상품에 의해서 매개된다.

이와 같이 자본의 운동은 화폐로 시작해서 양은 변하지만 똑같은 화폐로 끝나기 때문에, 이것은 끝없이 반복되고 반복된다. 그러나 일반적인 상품유통의 경우에는, 상품으로 시작하지만 시작한 상품과는 다른 사용가치를 가진 상품으로 끝나기 때문에 그 운동은 완결되고 다시 반복되지 않는다. 다시 말해 일반적인 상품유통은 자신이 필요로 하는 구체적인 유용물을 획득하는 것이 그 목적이기 때문에 그것을 획득하면 목적이 달성되지만, 자본의 목적은 화폐의 증식이기 때문에 이 목적에는 끝이 없다.

자본(화폐)은 획득한 이윤(화폐)을 덧붙여서(축적) 늘어난 그 위에서 또다시 이윤을 목적으로 하는 운동을 한다. 이렇게 해서 이윤을 추진동기로 하는 자본의 운동은 끝없이 반복된다.

③ 앞의 ①과 ②에서 설명하였듯이 자본은 우선 화폐이지만, 예를 들어 공장생산에 투하된 자본(화폐)의 경우를 한번 생각해 보자. 이때 자본은 설비기계나 원재료 등의 생산수단과 노동력을 구입하는 데 사용된다. 이것들 역시, 자본인 화폐가 형태를 달리한 것, 즉 자본의 화신이기 때문에 결국 자본이다. 마찬가지로 이것들에 의해서 만들어진 공장생산물이나 그 공장생산물을 팔아서 얻어지는 화폐수입 또한 자본이다. 이와 같이 자본은 화폐의 모습으로 출발해서 모습을 바꾸어가면서 이윤을 획득하여 증식한 다음 다시 화폐의 모습으로 돌아오는 것이다.

이 점에서 보면, 자본이 반드시 화폐인 것만은 아니다. 그러나 원래 화폐는 가치의 자립적인 모습이었다. 화폐와 상품의 교환에서 동일한 것은 가치이다. 따라서 자본의 운동주체는 가치이고 그 운동 속에서 가치가 증가(증식)하는 것이기 때문에, 자본이란 엄밀하게는 '자기증식하는 가치'인 것이다.

(2) 왜 자본은 이윤을 낳을 수 있는가

① 그렇다면 왜 자본은 이윤을 낳을 수 있는 것일까. 쉽게 떠올릴 수 있는 것은, 상품을 그 가치보다 싸게 사든가 혹은 그 가치보다 비싸게 팔 수 있다면 차액을 얻을 수 있으므로 그것이 이윤으로 되는 것 아닌가, 다시 말해 부등가교환에 의해서 이윤이 생기는 것 아닌가 하는 생각이다.

확실히 부등가교환은 한편으로는 그 교환으로 득을 본 사람에

게 이윤을 가져다 주지만 그와 동시에 다른 한편으로는 그 교환
으로 손해를 본 사람에게 득을 본 사람의 이윤과 똑같은 액수의
손실을 가져다 주기 때문에, 양자를 합하면 이윤은 발생하지 않
는다.

그러나 현재 사회에 존재하는 자본은 개개 자본뿐 아니라 전체
적으로도 이윤을 낳고 있기 때문에, 이윤의 일반적인 발생근거를
부등가교환에서 구할 수는 없다.

뿐만 아니라 가장 근본적으로는 제2장에서 설명했듯이 원래
상품생산 사회에서 상품교환은 가치를 기준으로 해서 이루어지
고 있기 때문에, 자본이 이윤을 낳는 이유 역시 부등가교환이 아
니라 등가교환을 전제로 해서 설명되어야 한다.

따라서 이윤의 발생근거를 부등가교환에서 찾을 수 없다는 것
은 화폐와 상품의 교환, 상품과 상품의 교환, 즉 유통에서는 이윤
(따라서 또 자본)은 발생하지 않는다는 의미이다.

② 한편 (1)의 ②에서 설명했듯이, 자본의 운동은 '화폐 – 상품 –
증가한 화폐'로 표현된다. 화폐가 자본으로 되어 증식하기 위해
서는 상품과의 교환이 불가피하다. 따라서 자본은 유통 속에서
발생하는 것이 된다.

마르크스는 이렇게 쓰고 있다.

자본은 유통에서 발생할 수도 없고, 마찬가지로 유통에서
발생하지 않을 수도 없다. 자본은 반드시 유통 속에서 발생해

야 하는 동시에 유통 속에서 발생해서는 안 되는 것이다. … 이
것이 문제의 조건이다. (『資本論』 ②, 283~84쪽)

③ 이 난해한 문제는 독특한 어떤 상품이 존재하지 않으면 해결
되지 않지만, 그것이 존재하면 해결된다. 그 독특한 상품이란 다
름아니라 자기 가치를 초과하는 가치를 낳는 사용가치를 지닌 상
품, 다시 말해 그 상품(사용가치)의 소비가 그 상품의 가치 이상
의 가치를 낳는 상품이다.

그렇다면 왜 해결이 되는 것일까. 그것은 이 독특한 상품과 화
폐를 등가교환해서, 즉 이 상품의 사용이 만들어낸 이 상품의 가
치를 초과하는 가치(가 대상화된 상품)를 등가교환해서 화폐를
얻으면 이 화폐의 가치는 맨 처음 화폐의 가치보다 증가하기 때
문이다. 화폐는 이 독특한 상품과 교환될 때 비로소 자본으로 되
고 이윤을 낳을 수 있다.

사실 노동력이라는 상품이 이 독특한 상품이다. 자본가가 노동
자를 고용해서 임금을 지불하는 것이 노동력의 구입이며, 노동자
에게 일을 시키는 것이 노동력의 소비이다. 따라서 노동자를 고
용함으로써 화폐는 자본으로 되고 이윤을 낳을 수 있는 것이다.

그렇다면 이번에는 이 노동력이라는 상품이 이 독특한 상품이
라는 것, 즉 자기 가치를 초과하는 가치를 낳는 상품이라는 것을
밝혀보기로 하자. 이를 위해서는 먼저 노동력이라는 상품의 가치
가 무엇에 의해서 결정되는지를 이해해야 한다.

(3) 기본적으로 노동력의 가치는 노동자가 소비하는 생활물자의 가치에 의해 결정된다

① 지금 설명했듯이, 자본가와 노동자의 고용관계에서 매매되는 것(상품)은 노동력이다. 그러나 일반적으로는 노동이라고 생각한다. 그렇지만 사실은 노동력인 것이다. 이 점은 중요하기 때문에 뒤에서 설명하기로 하겠다. 노동력이란 인간에게 갖추어져 있는 노동하는 능력을 말한다.

② 제2장에서 밝힌 바와 같이, 일반적으로 상품가격의 중심을 결정하는 것은 상품의 가치이며 그 실체는 상품에 포함되어 있는 노동의 양(노동시간)이다. 그리고 상품의 가치는 상품의 생산비(광의의 생산비)로 파악할 수도 있다.

그런데 노동력도 상품이기 때문에, 동일한 논리에 의해서 노동력의 가격(=임금·노임)의 중심을 결정하는 것은 노동력의 가치이며 그 실체는 노동력에 포함된 노동의 양(노동시간)이다. 그리고 노동력의 가치는 노동력의 생산비로 파악할 수도 있다.

③ 그렇다면 노동력 가치의 실체인, 노동력에 포함된 노동시간이란 무엇인가. 혹은 노동력의 생산비란 무엇인가.

노동생산물인 일반적인 상품의 생산은 공장이나 농장에서 이루어지지만, 노동력의 생산은 기본적으로 노동자의 생활에 의해서 이루어진다. 무슨 말인가 하면, 노동력(노동능력)은 노동자의

능력이고 노동자와 함께 존재하는 것이기 때문에 생활을 통해서
노동자가 삶을 영위한다는 것은 곧 그 동안에 노동력이 계속해서
생산(=만들어지는 것)된다는 의미이다. 그리고 노동자의 생활에
는 식량·의복·주거 같은 생활물자가 필요하고 이것들이 소비
된다. 즉 생활물자를 소비함으로써 노동자는 삶을 이어나가고 노
동력이 생산되는 것이다.

그런데 이 생활물자는 공장이나 농장에서 생산된 생산물이기
때문에, 일정한 가치(가격)를 지니고 있고 일정한 노동시간을 포
함하고 있다. 따라서 노동력의 가치는 노동자가 소비하는 생활물
자의 가치로 귀결되며, 노동력에 포함된 노동시간은 노동자가 소
비하는 생활물자에 포함된 노동시간으로 귀결된다.

또한 노동력의 가치를 노동력의 생산비라고 파악하는 관점에
서 보면, 생활물자의 소비에 의해서 노동력이 생산되기 때문에
이 생활물자의 구입비가 노동력의 생산비가 된다. 좀더 단적으로
말한다면, 노동자의 생활이 노동력을 생산하는 것이기 때문에 노
동자의 생활비가 곧 노동력의 생산비가 되는 것이다.

④ 노동력은 ③에서 설명했듯이 노동자의 생활에 의해서 생산되
지만, 이 생활에는 단지 노동자뿐 아니라 그 노동자가 부양하는
가족의 생활도 포함된다. 그 이유는 가족이 생활할 수 있을 때 비
로소, 노동자의 자식들이 노동자로 커나갈 수 있고 또 노동자가
영속적으로 생산되어 나가기 때문이다. 노동자가 영속적으로 생
산되지 않으면, 생산 그 자체 역시 영속되지 않는다.

⑤ 기본적으로 노동력은 노동자의 생활에 의해서 생산되지만, 상당히 많은 직종들이 그 직종에 필요한 기능이나 숙련·전문지식을 필요로 하기 때문에, 그에 상응할 수 있는 발달된 노동력을 생산하기 위해서는 생활뿐만 아니라 일정한 양성이나 수업이 필요하다. 따라서 이런 양성 혹은 수업을 위해서 소비되는 물자의 가치 역시 노동력의 가치를 구성하게 된다. 동어반복이지만, 노동력 생산비는 노동자의 생활비에 양성비 혹은 수업료를 더한 것이 된다.

⑥ 노동력 가격(임금)의 중심을 결정하는 것은 노동력의 가치이고 노동력의 생산비이다. 그런데 이것들은 기본적으로 노동자의 생활비로 결정되기 때문에, 결국 노동력의 가격(노임)은 노동자의 생활비에 의해서 결정된다고 할 수 있다. 개개인의 입장에서 생각하면, 임금에 맞추어서 생활하기 때문에 마치 임금이 생활비의 수준을 결정하는 것처럼 보인다. 그러나 사회적으로 보면, 각각의 사회에는 일정한 생활양식과 생활수준이 역사적·문화적으로 형성되어 있고 거기에서의 평균적인 생활비도 정해지고 있다. 이와 같은 생활비에 맞추어서 임금이 결정되고 있다는 것이다. 물론 임금 역시 기업의 규모와 직종, 연령 등에 따라서 상당한 차이가 나지만 그 중심을 결정하는 것은 그 사회의 평균적인 생활비이다.

예를 들어 개발도상국 가운데는 임금수준이 일본의 5~10%밖에 되지 않는 나라도 있는데, 이것은 그 나라의 생활수준이 낮다는 것을 말해 준다.

(4) 자본(가)은 노동력을 구입(＝노동자의 고용)함으로써 '노동'을 손에 넣는다. 이 노동이 창출한 새로운 가치와, 자본이 지불한 노동력 가치의 차이를 잉여가치라고 부른다. 이 잉여가치가 이윤의 실체이다. 이윤이란 자본에 의해서 창출되었다고 파악되었던 잉여가치이다

① 자본(가)은 노동력이라는 상품을 임금(＝노동력의 가격)을 지불하고 구입하지만, 노동력이라는 상품을 사용하고 소비하는 것은 노동을 하게 하는 것(＝노동력의 사용가치는 노동)이므로 결국 노동을 손에 넣는 것이 된다. 그런데 노동은 가치를 창출할 수 있다. 이 노동이 창출하는 새로운 가치와, 노동력의 가격의 중심을 결정하는 노동력 가치는 완전히 별개의 것이다. 노동이 창출하는 가치는 노동력의 가치보다 훨씬 더 크다. 이 차이를 잉여가치라고 부른다. 그러나 자본(가)은 노동력의 가치에 대해 임금을 지불하고 노동과 그 노동이 낳는 새로운 가치를 획득하는 것이기 때문에, 그 차액인 잉여가치를 무상으로 손에 넣게 된다(〈그림 5〉 참조).

② 예를 들어 한 사람의 하루분(8시간) 노동력을 자본(가)이 구입했다고 하자. 이 노동력의 소비인 노동은 8시간분의 가치를 창출한다. 그런데 오늘날 생산력 수준으로는, 노동자가 하루 생활하

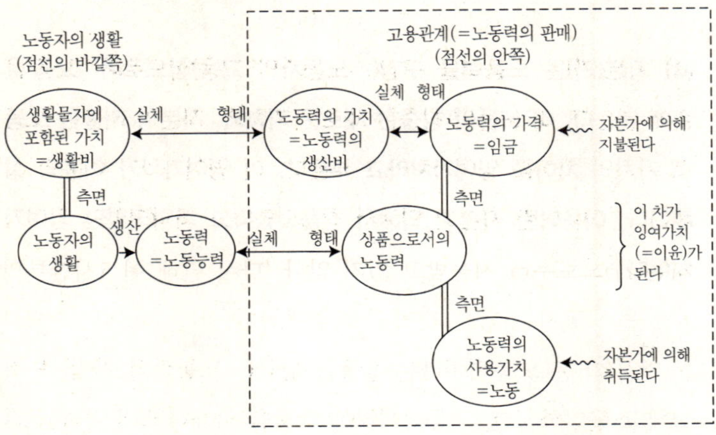

는 데 필요한 생활물자의 양은 노동자 한 사람이 2~3시간 정도 노동하면 생산할 수 있는 양이다. 만약 하루에 필요한 생활물자를 생산하는 데 3시간에 상당하는 노동량이 투여된다고 하면, 한 사람 하루분 노동력의 가치는 3시간분의 노동시간이 된다.

노동(=노동력의 소비)이 새롭게 창출한 8시간분의 가치와, 이 3시간분의 노동력 가치의 차이는 5시간분의 노동시간이며, 이것이 잉여가치이다. 또 잉여가치를 노동력의 가치로 나눈 비율을 잉여가치율이라고 한다. 이 경우 잉여가치율은 5시간분에 대해서 3시간분이기 때문에 1.67배 또는 167%가 된다.

따라서 이때 노동자는 8시간의 노동 가운데 3시간을 자신과 가족이 소비하는 생활물자를 생산하는 데 필요한 노동시간에 상당하는 시간으로서 노동한다. 즉 3시간은 자신(과 가족)의 생활에 필요한 노동을 수행하는 것이다. 그리고 이 부분은 임금(=노동력의 가치)으로 지불된다. 그래서 이 3시간분의 노동을 '필요노동' 혹은 '지불노동'이라고 부른다.

또한 노동자의 8시간 노동 가운데 잉여가치를 만들어내는 5시간분의 노동은 자신의 생활의 필요를 넘어선 '잉여'노동이다. 그리고 이 5시간분의 노동은 자본(가)에 무상으로 제공되고 있으며 자본(가)으로부터 지불받고 있지 않다. 다시 말해 이 5시간분의 노동을 노동자는 자본(가)에게 착취당하고 있는 것이다. 그래서 이 5시간분의 노동을 '잉여노동' 혹은 '부불(不拂)노동'이라고 부른다. 그리고 앞에서 설명한 잉여가치율은 착취율을 나타내는 것이기도 하다.

③ 앞의 ②의 예에서 1시간분의 노동이 창출하는 가치가 4천 원에 상당한다고 가정한다면, 자본(가)은 1만 2천 원의 임금(=노동력 가치)을 지불하고 하루분의 노동력을 구입(=노동자를 1일 고용)해서 그 노동자의 노동으로 3만 2천 원만큼 새로운 가치를 획득해서 그 차액인 2만 원의 잉여가치를 손에 넣는 게 된다.

④ 나아가 ③의 예에서 노동자의 하루 노동에 의해 원재료가 6만 원어치 사용되고 설비기계의 마모분(=감가상각비)으로 8천 원이 들어갔다고 한다면, 투하된 자본은 다음과 같다.

6만 원(원재료비)+8천 원(감가상각비)+1만 2천 원(임금)=8

만 원(투하자본)

한편 이 하루 노동에 의해 생산된 생산물의 가치(가격)는 다음과 같다.

6만 원(원재료비)+8천 원(감가상각비)+3만 2천 원(노동이 만들어낸 가치)=10만 원

투하된 자본 8만 원이 10만 원으로 2만 원 늘어났으므로 이윤은 2만 원이고, 자본 8만 원에 대한 이윤이 2만 원이니까 이윤율은 25%이다. 이 이윤 2만 원의 실체는 잉여가치 2만 원이라는 것은 말할 나위도 없다.

⑤ 또한 ④의 예에서, 투하된 자본 8만 원 가운데 임금 1만 2천 원에 의해 고용된 노동자가 노동을 해서 3만 2천 원의 가치를 창출한다. 즉 자본 가운데 이 임금 부분은 3만 2천 원으로 변화(증가)한 것이어서 '가변자본'이라고 부른다. 이에 대해, 자본 가운데 원재료비와 감가상각비 부분 6만 8천 원은 단순히 생산물로 이전되었을 뿐 변화하지 않는다. 그래서 자본 가운데 이 부분을 '불변자본'이라 부른다.

일반적으로 불변자본의 가치를 C, 가변자본의 가치를 V, 잉여가치를 M으로 표시한다. 그렇다면 투하자본의 가치는 C+V, 생산물의 가치는 C+V+M이다. 생산물의 가치 C+V+M 가운데

가변자본(임금 부분) V가 가치 V+M을 만들어내고, 불변자본 C
는 변화하지 않고 생산물에 이전된다.

　뿐만 아니라 이 가변자본과 불변자본이라는 자본의 구별은 자
본 가운데서 증가하는 부분과 그렇지 않은 부분을 구별하는 것이
고, 자기증식하는 가치인 자본의 본질적인 구별이다. 자본의 이
구별은 유동자본(원재료비나 임금 등)과 고정자본(공장건물이나
설비기계의 구입비 등)의 구별과는 다르다(이 구별은 각각의 생
산에서 자본의 가치가 생산물로 전부 이전되는 것과 그렇지 않은
것의 구별이다).

자본이란 무엇이며, 이윤이란 무엇인가

1. 자본가와 노동자의 고용관계에서 매매되는 것은 무엇인가

일반적으로 자본가와 노동자의 고용관계에서 매매되는 것(상품)은 노동이라고 생각하고 있다. 그러나 사실은 노동력이다. 노동과 노동력을 구별하는 것은 아주 사소한 논의처럼 보이지만, 들어가기의 요점인 잉여가치(이윤의 실체) 이론을 이해하는 데 결정적으로 중요하다. 그것은 이 이론의 핵심이 자본가와 노동자의 고용관계에서 매매되는 상품은 '노동력'이지만 그것에 의해서 실제로 주고받는 것은 '노동'이라는 데 있기 때문이다. 들어가기에서 밝히고 있듯이, 자본가가 입수한 '노동'이 창출하는 가치는 자본가가 지불하는 '노동력'의 가치(임금)보다 크기 때문에 그 차액인 잉여가치를 자본가는 아무런 대가도 치르지 않고 손에 넣을 수 있고, 바로 이것이 이윤의 실체인 것이다.

이것은 엥겔스가 마르크스 사후인 1891년에 마르크스의 『임노동과 자본』의 새로운 판을 직접 편집해서 발간하면서 그 서문에서 설명하고 있는 터라 잘 알려져 있지만, 사실 이 『임노동과 자본』의 모태인 논문(1849년에 『신라인신문』에 연재되었음)에서는 마르크스 스스로 노동과 노동력을 명확하게 구별하고 있지는 않았다. 엥겔스는 서문에서 이렇게 쓰고 있다.

〔18〕40년대에는 마르크스는 아직 자신의 경제학비판을 다 끝내지는 못했다. 겨우 50년대 말에 가서야 그것이 이루어졌다. (『賃勞動と資本 賃金, 價格および利潤』, 11쪽)

또 노동과 노동력을 명확히 구별한 점의 의의를 다음과 같이 서술하고 있다.

아무리 깊이 파고들어도 노동의 매매라든가 노동의 가치에 대해 말하는 한, 우리는 이 모순으로부터 벗어나지 못한다. 그리고 경제학자들을 보더라도 역시 마찬가지였다. 고전경제학의 마지막 분파인 리카도학파는 대부분 이 모순을 해결할 수 없음으로 해서 무너졌다. 고전경제학은 막다른 외길로 뛰어들어갔다. 이 막다른 골목길에서 나오는 길을 찾아낸 사람이 칼 마르크스였다. (같은 책, 19~20쪽)

여기에서 '이 모순'이라고 부르는 것은, '노동의 가치'라는 용어가 한편으로는 노동이 창출하는 가치를 의미하는 동시에 다른 한편으로는 노동력의 가치를 의미한다는 점 때문에 발생하는 모순을 가리키는 것이다.

그런데 자본가와 노동자의 고용관계에서 매매되는 것이 노동이 아니라 노동력이라는 점에 대해서, 나는 다음과 같이 정리하면 이해하기 쉽지 않을까 생각한다.

일반적으로 어떤 기능(능력)을 가지고 있는 사물을 떠올릴 때, 그 사물의 본체와 기능은 구별이 가능하다. 예를 들어 시계를 가지고 한번 생각해 보자. 시계 본체와, 시간을 측정한다는 기능을 구별할 수 있다. 그리고 보통의 상품매매에서는 본체 그 자체가 매매됨으로써 본체와 결합되어 있던 기능 역시 동시에 매매된다. 우리는 시계를 구입함으로써 그 시계가 지니고 있는 시간을 측정하는 기능도 동시에 손에 넣는다.

그런데 예컨대 렌터카를 빌리고 대금을 지불한 경우를 생각해 보자. 이 경우는 자동차의 본체를 사들이는 것이 아니고 자동차의 기능을 시간을 정해서 입수하는 것이 된다. 즉 이때 매매되는 상품은 자동차의 본체가 아니라 자동차의 기능이고, 빌린 자동차를 사용하는 것은 구입한 '자동차의 기능'을 소비하는 것이다.

자본가와 노동자의 고용관계도 이 렌터카의 경우와 마찬가지이다. 자본가는 노동자를 시간을 정해서 빌리는 것이고, 노동자는 자기 자신을 시간을 정해서 빌려주고 있는 것이다. 이것은 노동자의 기능, 다시 말해 노동능력(=노동력)이 매매되고 있다는 의미이다. 그리고 자본가가 노동자를 노동하게 하는 것은 빌린 노동자를 사용하는 것이거니와, 그것은 구입한 노동력을 소비하는 것이다. 노동이 노동력의 소비 혹은 노동력의 사용가치라는 것은 바로 이 점 때문이다.

　이와 달리, 노예제 생산 아래서는 일반적인 상품매매와 똑같이 노예 그 자체(인간의 본체)가 매매됨으로써 그 노동능력도 동시에 매매되었다.

　또 의료, 교육, 이·미용 등에서는 서비스 노동 그 자체가 매매되고 있다. 예를 들어 우리가 의사에게서 치료를 받고 그 대금을 지불하는 경우, 치료라는 전문적인 의사의 노동을 구입하는 것이 된다. 바꿔 말하면 의사가 소유하고 있는 치료라는 노동을 구입하는 것이다.

　노동자가 자본가에게 고용되는 경우와 서비스 노동이 매매되는 경우의 차이점을 생각해 보면, 고용되는 노동자의 경우는 노동능력을 소유하고 있다 하더라도 노동은 소유하고 있지 않다. 왜냐하면 노동자에게 어떤 노동을 시킬 것인지 결정하는 것은 자본가이기 때문이다. 따라서 노동자가 소유하고 있는 노동능력을 파는 것은 가능해도 소유하고 있지 않은 노동을 팔 수는 없다.

　생각이 나서 덧붙이자면, 예컨대 의사가 의료기관에 고용되어 있다고 한다면 의료행위를 할 수 있는 의사의 노동능력이 의료기관에 의해 구입된 것이지 의료노동이 구입된 것은 아니다. 그 의료기관이 환자에게 의료 서비스를 팔고 있는 것이 된다.

2. 자본가와 노동자의 고용관계 성립에 필요한 근본 조건은 무엇인가

자본주의 생산의 특질은 무엇보다도 먼저 모든 생산물이 상품으로 생산된다는 점, 다시 말해 모든 생산이 상품생산이라는 점이다. 상품생산 사회라고 말하면 자본주의 사회를 의미하는 것은 바로 이 때문이다.

그러나 상품생산 자체는 자본주의 이전의 사회에서도 찾아볼 수 있어서, 자본주의 생산에 고유한 것은 아니다. 자본주의 생산 고유의 특질이 무엇인지를 생각해 보면, 들어가기에서 설명했듯이 상품생산이 이윤을 낳는 자본의 운동으로서, 즉 가치의 자기증식으로서 이루어진다는 것이다. 투하된 화폐(자본)는 생산과 생산물의 판매를 매개로 해서 이윤을 획득하고 회수되어, 그것이 다시 자본으로 투하된다. 자본이 자본을 계속 생산한다고도 말할 수 있다.

그런데 이윤을 낳을 수 있다는 자본의 성질은, 자본(=자본가)이 노동자를 고용해서 생산을 한다는 점으로부터 발생한다. 이 점 역시 들어가기에서 명확하게 밝혔다. 그러므로 자본주의 생산의 핵심은 자본에 의한 노동자의 고용관계, 다시 말해 노동력이라는 상품을 노동자가 팔고 자본가가 사는 관계에 있다고 할 수 있다.

이와 같은 고용관계는 오늘날에는 아주 당연한 것으로 되어 있다. 그렇지만 노동력이 상품으로 항상 매매될 수 있기 위해서는, 노동력을 자유롭게 팔 수 있고 그와 동시에 노동력을 팔지 않으면 안 되는 노동자가 상당수 존재해야 한다. 이 같은 노동자가 존재하게 된 것은 근대에 들어와서부터이다.

마르크스는 다음과 같이 쓰고 있다.

화폐가 자본으로 전화되기 위해서는 화폐소유자가 상품시장에서 자유로운 노동자를 찾아낼 수 있어야 한다. 여기에서 '자유로운'이라는 것은, 자유로운 인격으로서 자기 노동력을 자신의 상품으로서 자유롭게 처분한다는 의미에서 '자유로운', 그리고 또 한편으로는 팔 만한 다른 상품을 가지고 있지 않고 자신의 노동력 실현에 필요한 일체의 물질로부터 해방되어서 자유롭다는 의미에서 '자유로운', 이 이중의 의미에서 그것이다. (『資本論』②, 289쪽)

여기서 첫번째 자유는 인격적인 자유이다. 에도 시대와 같이 '사·농·공·상·에타[9]·히닌(非人)[10]' 등의 신분상 차별이 있고 직업선택이나 이주의 자유가 없이는 자신의 노동력을 자유롭게 판매하는 것이 불가능하다. 또한 노예제에서는 노동자(노예)는 타인의 소유물이고 그의 인격적 자유는 완전히 부정되어서 노동자(노예)는 자기 자신의 노동력의 소유자가 아니기 때

---

9) 에도 시대에 천한 일을 하던 사람들을 지칭하는 용어. 메이지(明治) 4년에 이 칭호가 폐지되고 천한 일을 하던 사람은 평민으로 되었다—옮긴이.
10) 에도 시대에 사형장에서 잡역일을 하던 사람을 일컫는 말이다—옮긴이.

문에 노동력을 팔 수가 없다(노예제에서는 노동력이 아니라 노동자 자신이 매매된다).

　두번째 자유는 생산수단을 소유하고 있지 않다는 의미에서의 자유이다. 노동자는 자신의 노동으로 생산물을 만드는 데 필요한 생산수단(토지나 노동용구 등)을 전혀 소유하고 있지 않기 때문에, 생활에 필요한 생산물을 얻기 위해서는 노동력을 계속 팔지 않을 수 없다.

　왜 무소유가 자유인가 하면, 소유물이 있으면 소유자는 반드시 그 소유물에 구속되는 면이 생겨나게 마련이고 그런 의미에서 자유가 제한되기 때문이다. 무료(공짜)를 영어로 'free of charge'라고 하는데, 두번째 자유의 '자유'는 이 용어법과 동일하다.

　마르크스는 이어서 이와 같은 자유로운 노동자가 존재하게 된 것을 다음과 같이 서술하고 있다.

　확실히 그것은 선행한 역사적 발전의 결과이며 여러 가지 경제적 변혁의 산물, 즉 사회적 생산의 일련의 모든 낡은 구성체들의 몰락의 산물이다. (『資本論』②, 289~290쪽)

　모든 생산수단과 생활수단의 소유자가 자신의 노동력을 판매하는 사람으로서의 자유로운 노동자를 시장에서 발견하는 경우에 한해서 자본은 성립하는 것이며, 그리고 이 역사적 조건은 하나의 세계사를 포괄한다. 그렇기 때문에 자본은 처음

부터 사회적 생산과정의 한 시대를 알려주는 것이다. (『資本論』②, 291쪽)

즉 이중의 의미에서 자유로운 노동자(이것이 근대의 노동자 계급이다)는 인류의 역사적 발전의 결과로서 탄생하며, 또 노동자계급의 존재는 그후 인류사의 한 시대(자본주의 생산의 시대)의 근본 조건이 된다고 말하고 있는 것이다.

나아가 마르크스는 다른 부분에서 이중의 의미에서의 자유로운 노동자에 대해, 내용은 동일하지만 생산수단과의 관계를 도출해 내면서 조금 다른 표현법을 쓰고 있는데, 참고로 소개하면 다음과 같다.

자유로운 노동자란 노예나 농노처럼 그들 자신이 직접 생산수단의 일부분에 속하는 것도 아니거니와 자영농민 같은 경우처럼 생산수단이 그들에게 속해 있는 것도 아니고, 오히려 그들은 생산수단으로부터 자유로운, 즉 분리되어 있다는 이중의 의미에서 자유노동자인 것이다. (『資本論』④, 1223~24쪽)

여기에서는 첫번째 자유가, 인격의 자유라는 어법이 아니고 노동자가 생산수단의 일부분에 속해 있지 않다는 어법으로 표현되고 있다. 인간이 생산수단의 일부가 되어 있다는 것은 곧 인격의 자유가 없다는 뜻이기 때문에, 양자는 동일한 것을 의미하고 있다. 노예는 노예주의 생산수단이고 농노는 영주에 의해 토지라는 생산수단에 묶여 있으므로 자유가 없는 것이다.

더욱이 "자영농민 같은 경우처럼 생산수단이 그들에게 속해 있는 것도 아니고"라는 문구는 두 가지 의미를 담고 있다. 즉 노동자는 자영농민과는 다르고, 생산수단을 소유하고 있지 않다는 의미이다.

3. 자본가의 노동자 지배와 대공업과의 관계

자본주의 생산의 핵심은 자본가와 노동자의 고용관계에 있으며, 이 관계가 성립하기 위해서는 자유로운 노동자가 반드시 존재해야 한다고 앞에서 설명했다. 다시 한 번 확인하자면, 자유로운 노동자의 '자유'는 자기 노동력을 팔 자유와 생산수단의 무소유자(=노동력을 팔지 않으면 안 되는 것)를 의미한다. 즉 노동력 매매가 성립하기까지의 자유이다.

노동력이 판매된 후에는 그 노동력은 자본가의 것이 되며, 노동자의 노동력을 사용해서 노동하게 하는 것은 자본가이다. 노동자 쪽에서도 노동력의 적정한 이용을 주장할 수 있는 권리가 물론 있지만, 현실적으로 공장이나 농장에서의 생산이나 노동현장에서 자본가는 노동자를 종속시켜 지배해서, 즉 노동자의 자유를 억압해서 최대한 일하게 하고 최대한 많은 이윤을 얻으려고 한다. 또한 그렇게 할 수 있는 생산방법을 채용함으로써 자본주의 생산은 발전해 왔다.

자본주의 생산이 본격적으로 시작되었던 곳은, 익히 알고 있듯이 영국이다. 자본주의 생산의 단초가 보였던 것은 14세기 후반이지만, 공업 면에서 보면 16세기 중반부터 1760년대까지의 200여 년이 매뉴팩처(공장제 수공업) 시대, 그후가 산업혁명을 경유한 대공업(공장제 공업) 시대이다. 그리고 자본주의 생산은 대공업제에 의해 크게 발전한다.

이들 각 시대, 즉 자본주의 생산의 단초 시대, 매뉴팩처 시대, 대공업 시대에 자본가와 노동자의 관계는 어떻게 변화했는지, 『자본론』의 서술을 살펴보기로 하자.

1) 대공업 성립 이전의 자본가와 노동자의 관계

14세기 후반에 발생한 임노동자계급은 그 당시에는 물론이고 그 다음 세기에도 인민 가운데 거의 보잘것없는 부분을 구성하고 있었던 만큼, 농촌의 자립적 농민경영과 도시의 동직조합 조직에 의해 강력하게 그 지위를 보호받고 있었다. 농촌이나 도시에서도 고용주와 노동자는 사회적으로 접근해 있었다. 자본에 대한 노동의 종속은 형식적일 뿐이었다. 즉 생산양식 그 자체는 아직 특수한 자본주의적 성격을 띠고 있지는 않았다. (『資本論』 ④, 1263~64쪽)

이와 같이 맨 처음에는 자본가가 노동자를 성공적으로 종속시켜 지배하고 있지는 않았다.

다음의 매뉴팩처(공장제 수공업)란 수공업이기 때문에 기계가 아닌 도구와 손으로 이루어지는 공업이다. 그리고 자영업이 아니고 자본에 의해 고용된 다수의 노동자가 공장에서 일하고 있는 것을 공장제라고 한다. 뿐만 아니라 공장 내 노동의 존재방식(공정)이 단순한 협업이 아니라 분업에 의해 이루어지는 것을 말한다. 마르크스는 매뉴팩처에 의해 자본가의 노동자 지배가 진전된다고 보고 있다.

단순협업에서와 마찬가지로, 매뉴팩처에서도 기능을 하고 있는 노동체(勞動體)는 자본의 하나의 실존형태이다. 다수의 개별적 부분노동자로 구성된 사회적 생산기구는 자본가에게 속해 있다. 그렇기 때문에 모든 노동의 결합으로 산출되는 생산력은 자본의 생산력으로 나타난다. 원래의 매뉴팩처는 이전의 자립적 노동자를 자본의 지휘와 규율에 종속시킬 뿐만 아니라 그에 더하여 노동자들간의 등급에 따른 편제를 만들어낸다. 단순협업은 일반적으로 개개인의 노동양식을 변화시키지 않지만, 매뉴팩처는 그것을 철저하게 혁명하고 개별적 노동력의 근간을 뒤흔든다. 매뉴팩처는 일체의 생산적인 행동과 소질을 억압하고 노동자에게 세부적인 숙련을 조장하는 온상이 됨으로써, 노동자를 불구로 만들고 기형으로 만든다.
(『資本論』③, 625~26쪽)

그러나 매뉴팩처에서도 자본가는 노동자를 종속시켜 지배하는 데 성공하는 것은 아니다.

　　수공업적 숙련은 변함없이 여전히 매뉴팩처의 기초이며 매
뉴팩처 속에서 기능하고 있는 모든 기구는 노동자 그 자체로
부터 독립된 객관적인 틀을 유지하고 있지 못함으로 해서, 자
본은 끊임없이 노동자들의 불복종과 싸운다.
　　… 매뉴팩처 시대 처음부터 끝까지 노동자들의 규율부족에
관한 불평이 들려온다. 또한 동시대 저술가들의 증언이 아니
라 하더라도, 다음과 같은 간단한 사실들 — 즉 16세기부터
대공업 시대에 이르기까지 자본은 매뉴팩처 노동자가 자유롭
게 사용할 수 있는 모든 노동시간을 자신의 것으로 만드는 데
성공하지 못했다는 점, 또 매뉴팩처는 단명했을 뿐 아니라 노
동자의 유출 혹은 유입에 따라 한 지방에서 다른 지방으로 그
소재지를 옮겨다녔다는 점 — 은 수많은 책을 대신해서 말해
줄 것이다. (『資本論』 ③, 640쪽)

2) 대공업의 자본주의적 경영에 의한 노동자 지배

마지막으로, 기계의 사용에 의한 공장제 공업인 대공업이다. 대
공업의 자본주의적 경영(=기계설비의 자본주의적인 사용방식)
에 의해 자본가는 노동자를 생산현장에서 완전히 종속시켜 지배
한다. 자본주의 생산은 대공업에 무엇보다도 적합하고 대공업의
발전력을 자신의 것으로 삼아서 급속하게 발전하게 된다.

기계는 노동자 그 자신을 어린 시절부터 부분기계의 부품
으로 전화시키기 위해서 악용된다. … 동시에 공업 전체, 즉
자본가에 대한 노동자의 절망적인 종속이 완성된다. …

매뉴팩처와 수공업에서는 노동자가 도구를 자신에게 봉사
하게 만들지만, 공장에서는 노동자가 기계에 봉사한다. 매뉴
팩처와 수공업에서는 노동수단의 운동이 노동자에서부터 출
발하지만, 공장에서는 노동수단의 운동에 노동자가 뒤따라가
야 한다. 매뉴팩처에서는 노동자들은 살아 있는 하나의 기구
의 일부를 구성한다. 공장에서는 하나의 죽어 있는 기구가 노
동자들로부터 독립해서 실존하고, 노동자들은 살아 있는 부
속물로서 이 기구에 합체된다. (『資本論』③, 729~30쪽)

요컨대 대공업의 자본주의적 경영에서는, 생산의 주체는 기
계이고 노동자는 단순한 부속물로 되어버린다는 것이다.

노동과정일 뿐만 아니라 동시에 자본의 가치증식 과정이기
도 한, 모든 자본주의적 생산에서는 노동자가 노동조건을 사
용하는 것이 아니라 역으로 노동조건이 노동자를 사용한다는
점이 공통적이다. 그러나 이 전도(轉倒)는 기계와 더불어 비
로소 기술적으로 일목요연한 현실성을 갖게 된다. 노동수단
은 자동장치로 전화함으로써 노동과정 속에서 자본으로서,
살아 있는 노동력을 지배하고 완전히 고갈시키는 죽은 노동
으로서, 노동자와 대립한다. 생산과정의 모든 정신적 능력이

육체노동으로부터 분리하는 것 그리고 이 능력들이 노동에 대한 자본의 권력으로 전화하는 것은, 이미 앞에서 살펴보았듯이 기계를 기초로 해서 구축된 대공업에서 완성된다. (『資本論』③, 731쪽)

좀더 설명해 보기로 하자. 원재료나 노동수단 등(=노동조건)의 구입자이자 소유자인 자본가가 나아가 노동력을 구입해서 노동자에게 노동을 시켜 생산물을 만들어내고 그 생산물을 판매하여 이윤을 얻고 자본을 증식하는 것이 자본주의 생산이다. 이 자본주의 생산에서는 노동조건(의 소유자인 자본가)이 노동자를 사용하고 있다. 노동의 주체는 노동자이지 노동조건이 아니라는 생산의 원래의 존재방식이 아니라, 전도된(원래의 관계가 역전된) 생산의 존재방식을 취하고 있는 것이 자본주의 생산인 것이다.

그런데 매뉴팩처의 경우에는 노동자가 도구를 사용해서 노동을 하고 있기 때문에, 예를 들어 자본주의적인 경영이라 하더라도(도구가 자본가의 것이라 할지라도) 노동과정의 주체는 노동자였다. 그러나 대공업을 자본주의적으로 경영하는 경우에는 자본가가 소유하는 기계가 생산의 주체가 되고 노동자는 부속물이 되기 때문에, 노동조건(=기계)이 주체가 되는 전도된 모습이 현실적인 것이 되어버린다.

마르크스의 앞의 문장 중간쯤에 나오는 '자동장치'는 기계(혹은 기계설비의 체계)를 의미하고 있다. 또 '죽은 노동'은 노동자의 현시점에서의 노동(=살아 있는 노동)과 대비해서 사용한 말로서, 노동생산물(과거에 생산할 당시의 노동〔=죽은 노동〕의 생산물이다) 그 자체를 말한다. 여기에서는 노동생산물인 기계를 가리키고 있다. 그리고 생산과정의 '모든 정신적 능력'은 생산을 하는 데 필요한 지식·통찰·의지·과학 등을 말한다. 자본주의적인 대공업에서는 이런 것들이 노동자의 손을 떠나서 자본가의 것이 되고 자본가의 권력을 강화시키는 것으로 된다는 것이다.

3) 산업혁명의 의의와 대공업의 발전력

그런데 앞에서 설명했듯이, 자본주의 생산은 대공업의 발전력을 자신의 것으로 삼아서 급속하게 발전한다. 바로 이 대공업을 만들어낸 것이 산업혁명이다. 엥겔스는 다음과 같이 묘사하고 있다.

프랑스혁명의 폭풍이 나라를 휘몰아치고 있는 사이에, 영국에서는 훨씬 정적인, 그래서 그 강력한 힘의 면에서는 조금도 뒤떨어지지 않는 변혁이 진행되고 있었다. 증기기관이라든가 새로운 작업기계가 매뉴팩처를 근대적 대공업으로 변화시켰고 그에 따라 부르주아 사회의 기초 전체를 변혁시켰다. 매뉴팩처 시대의 느릿느릿한 발전의 걸음은 생산 면에서 문자 그대로 질풍노도의 시대로 변했다. (エンゲルス 著·村田陽一 譯, 『反デューリング論 (2)』 國民文庫版, 大月書店, 473쪽)

여기서는 대공업의 발전력에 관한 『자본론』의 서술을 조금 길
기는 하지만 소개하는 것으로 끝맺고자 한다. 읽어보면 충분히
이해할 수 있는 내용이라고 생각한다.

어떤 산업부문에서 기계경영이 지금까지의 수공업이나 매
뉴팩처를 희생시켜서 확장되는 한, 그 성공은 예를 들어 활과
화살로 무장한 군대와 마주한 공이치기 총으로 무장한 군대
의 성과처럼 확실하다. 기계가 처음으로 그 작용범위를 획득
하는 이 최초의 시기는, 기계 덕분에 생산되는 평소와 다른
이윤 때문에 결정적으로 중요성을 가진다. 이 이윤은 그 자체
로서 가속도를 가지는 축적의 한 원천을 이룰 뿐만 아니라,
끊임없이 새롭게 형성되어 새로운 투자를 향해 돌진하는 사
회적 추가자본의 상당 부분을 모든 유리한 생산부문들로 끌
어들인다. 새롭게 기계설비를 채용한 모든 생산부문에서는
최초의 질풍노도 시대의 모든 특별 이익이 끊임없이 반복된
다. 그러나 공장제도가 어느 정도까지 보급되어 일정한 성숙
기에 접어들자, 특히 공장제도 자체의 기술적 기초인 기계설
비 그 자체 또한 기계에 의해 생산되기 시작하자, 석탄과 철
의 생산 나아가 금속가공 및 운송제도에 변혁이 일어나 전체
적으로 대공업에 조응하는 일반적 생산조건이 모두 형성되
자, 곧 이어 이 경영양식은 일정한 탄력성을, 즉 돌발적이고
도 비약적인 생산능력을 획득하게 됨으로써 이 확대능력은
오직 원료와 판매시장에 한해서만 제한을 받게 된다. 기계설

비는 한편으로는 예를 들어 '면방직기'가 면화생산을 증가시키는 것처럼 원료의 직접적 증가를 불러일으킨다. 다른 한편으로 기계생산물의 저렴화라든가 변혁된 운송·통신 제도는 외국의 모든 시장을 정복하기 위한 무기이다. 외국시장의 수공업적 생산물을 파멸시킴으로써 기계경영은 외국시장을 강제로 자신의 원료생산지로 바꾸어놓는다. 이리하여 동인도는 대영제국을 위해 면화, 양모, 대마, 황마, 쪽[11] 등을 생산하도록 강요당하였다. 모든 대공업 국가들에서 나타난 노동자의 끊임없는 '과잉화'는 이주를 재촉하고 외국의 식민지화를 촉진하였으며, 이 외국들은 하나같이 예컨대 오스트레일리아가 양모생산지로 바뀌어버렸던 것처럼 모국의 원료생산지로 전화한다. 기계경영의 주요 입지에 조응하는 새로운 국제분업이 생겨나고, 이것이 지구의 일부를 공업을 주로 하는 생산지인 다른 지역을 위해서 농업을 주로 하는 생산지로 바꾸어놓는다. (『資本論』③, 778~79쪽)

근대적 공업은 어떤 생산과정의 현재 형태를 결코 최종적인 것으로 간주하지도 않거니와 그렇게 취급하지도 않는다. 그렇기 때문에 지금까지 생산양식의 기술적 기반은 모두 본질적으로 보수적이었지만, 근대적 공업의 기술적 기반은 혁명적이다. 근대공업은 기계설비, 화학적 공정, 기타 방법에

---

11) 마디풀과에 속하는 1년초. 잎에서 남빛 물감을 얻음―옮긴이.

의해 생산의 기술적 기초와 더불어 노동자의 모든 능력과 노동과정의 모든 사회적 결합을 끊임없이 변혁한다. 이와 동시에 근대적 공업은 사회 내부에서의 분업 역시 끊임없이 변혁하고, 대량의 자본과 대량의 노동자를 한 생산부문에서 다른 생산부문으로 끊임없이 이동시킨다. (『資本論』③, 837쪽)

4. 자본주의 생산의 시작과 끝

앞의 제2절과 제3절에서, 자본가와 노동자의 고용관계가 자본주의 생산의 핵심이며, 또 자본주의 생산은 대공업에 의해 노동자의 종속을 완성하는 동시에 크게 발전했다고 설명하였다. 그러나 자본주의 생산의 이 같은 특수한 구조는 어디까지나 인류 역사의 일정 단계에서 발생한 것이며, 사회적인 생산의 발전을 가져오는 것과 더불어 때가 되면 소멸해 가는 것이라고 볼 수 있다. 한마디로 영원한 것이 아니라 역사적인 것이다. 그래서 여기서는 자본주의 생산의 시작과 끝에 대해 설명해 보기로 하자.

1) 자본주의 생산은 왜, 어떻게 탄생했는가

먼저 자본주의 생산의 시작에 대해서이다. 봉건적인 생산체제 등의 태내에서 어떻게 해서, 왜 자본주의 생산이 탄생한 것일까.

자본주의 생산의 핵심은 자본가와 노동자의 고용관계, 즉 노동력의 매매관계이다. 이 관계가 출발하기 위해서는, 한편으로

노동력의 구매자로서 화폐와 생산수단의 소유자인 자본가가 형
성될 필요가 있으며 또 한편으로 노동력의 판매자로서 앞의 제2
절에서 설명한 이중의 의미에서 자유로운 노동자가 생겨날 필
요가 있다.

자본주의 생산이 본격적으로 시작되기에 앞서, 이와 같은 자
본가와 노동자가 만들어지는 과정을 본원적 축적(원시적 축적,
선행적 축적)이라고 부르고 있다. 이 본원적 축적에서 중요한
것은 이중의 의미에서 자유로운 노동자를 만들어내는 것이다.
왜 그런가 하면 화폐의 축적은 반드시 노동자를 고용하지 않아
도 가능하거니와 또 자유로운 노동자를 만들어낸다는 것이 생
산수단을 생산자로부터 분리한다는 의미이니까 당연히 분리된
생산수단을 축적하는 자, 즉 자본가를 만들어내는 것이기도 하
기 때문이다.

자유로운 노동자는 농민이나 수공업자 등이 생산수단을 빼앗
김으로써 만들어졌지만, 자유로운 노동자의 최대의 공급원은
뭐니뭐니 해도 농민이다. 마르크스는 이렇게 서술하고 있다.

본원적 축적의 역사에서, 역사적으로 획기적인 사건을 말
한다면 형성되어 가고 있는 자본가계급을 위해서 지렛대로서
그 역할을 하는 변혁이 모두 그렇지만, 그러나 그중에서도 획
기적인 것은 큰 무리의 사람들이 느닷없이 그리고 폭력적으
로 자신의 생활유지 수단으로부터 떨쳐져 나가 마치 새처럼
자유로운〔인간사회의 구속으로부터 해방된, 그 때문에 법률

의 보호도 박탈당한〕 프롤레타리아로서 노동시장에 내동댕이 쳐지는 순간이다. 농촌의 생산자인 농민들로부터의 토지수탈 은 이 모든 과정의 기초를 이루고 있다. 이 수탈의 역사는 나 라마다 다른 색조를 띠고 있으며, 이 역사가 여러 가지 단계 를 거치는 순서와 역사상의 시대 또한 나라마다 각양각색이 다. 이것은 오직 영국에서만 전형적인 형태를 취하고 〔있다.〕 (『資本論』 ④, 1226쪽)

그런데 농민이 어떻게 해서 토지를 박탈당하게 되었는지에 대해서는 뒤에서 영국과 일본의 사례를 아주 간략하게 언급하 겠지만, 그전에 어떤 생산방식으로부터 자본주의적인 생산방식 이 탄생했는지를 살펴보도록 하자.

모체로서의 자립적인 농업경영이나 수공업의 성립
마르크스는 다음과 같이 서술하고 있다.

자본주의 사회의 경제구조는 봉건사회의 경제구조 속에서 생겨나고 있었다. 후자의 해체가 전자의 모든 요소를 해방시 켰던 것이다. (『資本論』 ④, 1224쪽)

다시 말해 봉건사회 속에서 형성되어 오던 생산구조의 모든 요소는 봉건사회가 해체됨으로써 그 속박을 벗어날 수 있었으 며, 그것이 재구성되어 자본주의 사회가 형성되었다는 것이다.

그렇다면 봉건사회 속에서 형성되어 오던 생산구조에서, 자본주의적인 생산의 토대가 되었던 것은 무엇일까. 그것은 사적 소유에 기초한 자립적 소농경영, 자립적 수공업경영이다. 즉 농민이나 수공업자가 소규모 토지나 도구 등을 사적으로 소유하고 스스로 노동해서 생산물을 자신의 것으로 하는 생산방식이다. 간단히 말해 소경영 혹은 자영업이다.

자영업은 오늘날에도 널리 행해지고 있는 생산방식으로서, 이것은 토지나 도구 등의 사적 소유를 기초로 하고 있다. 이 사적 소유 역시 역사적으로 창출된 것이다. 인류의 생산이 공동체 생산(원시공산제)으로 시작했을 때는 토지를 비롯한 생산수단은 사유도 공유도 아닌 공동체 전체의 소유였다. 생산이 발전함에 따라 생산수단의 사적 소유가 생겨나게 된 것이다.

봉건제 생산구조의 기본은 영주가 주종관계나 무력 등 경제외적 강제력으로써 생산자인 농민으로부터 지대(부역·공물 등)를 거둬들이는 구조이다. 그러나 토지의 소유관계 측면에서 볼 때는 농민이 점유(실질적으로 소유)해서 경작하고 있는 농지가 영주의 명목적인 소유지이기도 했다.

즉 토지는 공동체의 소유가 아니라 영주나 농민이라는 개인의 소유로 되었다는 의미에서는 사적인 소유이지만, 동일한 토지가 영주와 농민에 의해 이중으로 사유되고 있다는 점에서 근대적인 배타적 사적 소유는 아니었다.

그러나 일반적으로 말하자면, 봉건제하에서 생산이 발전함에 따라 그와 더불어 생산을 직접 담당하는 농민의 토지소유권이 강화되고 영주의 봉건적인 지배가 약화됨으로써 상당히 근대적인 사적 소유가 성립하게 된다. 특히 영국에서는 14세기 말에 들어와 봉건적인 농업생산(농노제)이 사실상 소멸하고 15세기에는 독립 자영농민(요먼, yeoman)의 시대가 된다. 이와 똑같은 과정을 거쳐서 독립 수공업자도 성립된다.

자본주의 생산이 소경영을 대체하는 이유

이와 같은 사적 소유에 기초한 소경영이 자본주의 생산의 모체가 되는 생산방식인데, 이것이 왜 자본주의 생산으로 대체되는 것일까. 이 점에 관해서는 마르크스의 서술을 살펴보기로 하자.

노동자가 자신의 생산수단을 사적으로 소유하고 있는 것이 소경영의 기초이며, 소경영은 사회적 생산과 노동자 자신의 자유로운 개성의 발전을 위한 하나의 필요조건이다. …

이 생산양식은 토지나 그 밖의 생산수단의 분산을 전제로 한다. 이 생산양식은 생산수단의 집적을 배제하는 것과 마찬가지로, 동일한 생산과정 내에서의 협업이나 분업, 자연에 대한 사회적 지배와 규제, 모든 사회적 생산력의 자유로운 발전도 배제한다. 이 생산양식은 생산 및 사회의 자연발생적인 협소한 범위하고만 조화를 이룰 수 있다. 이 생산양식을 영구화하려고 하는 것은, 페쾨르(Pecqueur)가 정확하게 말하고 있듯이 '만인이 평범할 것을 명령하는' 것일 터이다. 특정한 수준에 이르면, 이 생산양식은 그 자체를 파괴하는 물질적 수단

을 창출한다. 이 순간부터 사회의 태내에서는 이 생산양식을
질곡으로 느끼는 모든 힘과 열정 같은 것이 일어나기 시작한
다. 이 생산양식은 파괴되지 않으면 안 되거니와 결국 파괴된
다. 그 파괴, 즉 개인적으로 분산적인 생산수단의 사회적으로
집적된 생산수단으로의 전화, 그에 따른 다수에 의한 소(小)
소유의 소수에 의한 대(大)소유로의 전화, 그로 인한 광범위
한 인민대중들로부터 토지·생활수단·노동도구의 수탈이라
는 이 끔찍하고도 잔학무도한 인민대중의 수탈이 바로 자본
의 전사(前史)를 이루고 있다. (『資本論』④, 1303~304쪽)

이해하기 쉽게 요점을 말하자면, 분산된 생산수단으로 개인이
생산하는 소경영보다 집적된 생산수단으로 다수가 생산하는 자
본주의 생산 쪽이 높은 생산력(생산성)을 실현할 수 있기 때문에
소경영은 자본주의 생산으로 대체된다는 것이다(조심스럽게 표
현해서 '질곡'이지, 쇠고랑과 족쇄이므로 속박을 의미한다).
　이와 관련해서 중요한 점 한 가지를 덧붙여두기로 하겠다. 소
경영의 경우도 물론 상품의 생산과 판매를 행하고 있다. 그러나
봉건제하의 농민이 식량이나 의복 같은 자신의 생활물자 대부
분을 스스로 생산했던 것과 마찬가지로, 자립적인 소농경영의
경우도 부업 등을 함께 하면서 여전히 자신의 생활물자 대부분
을 직접 생산한다. 그렇기 때문에 이들 농민이 국민의 다수를
차지하고 있을 때는 국민의 생활물자 상당 부분이 상품화되지
않는다.

다시 말해 자본주의 생산이 소경영을 대체하여 국민의 다수가 노동자로서 생활물자를 구입하게 될 때 비로소 상품생산이 전면적·보편적인 것으로 되고, 사회는 상품생산 사회가 되는 것이다. 이것이 자본주의 사회가 상품생산 사회라고 불리는 이유이다.

그런데 앞의 마르크스 인용문 마지막 구절을 보면, 다수의 소경영이 소수의 자본가로 대체된다는 것은 광범위한 인민이 토지 등을 수탈당하는 것이며 그것이 자본의 전사(=본원적 축적)라고 씌어져 있다.

특히 농민들의 토지를 수탈함으로써, 자본주의 생산이 성립하는 근본 조건인 자유로운 노동자가 창출된다는 점에 관해서는 이 항의 첫머리에서 설명했다. 그러면 이야기를 다시 앞으로 돌려서, 영국과 일본의 사례를 들어 실제로 어떤 방법으로 농민으로부터 토지수탈이 이루어졌는지 매우 기초적인 역사적 사실을 소개해 보기로 하겠다.

농민으로부터 토지수탈 : 영국

영국의 경우, 농민으로부터 토지수탈 사례로 유명한 것은 인클로저(enclosure, 울타리치기) 운동이다. 인클로저 운동은 지주계급(gentry)이 개방경지(농민의 보유지)나 공동토지에 돌담 등으로 울타리를 치고 사유지로 만든 다음 농민(yeomanry)을 그 농지로부터 폭력적으로 추방한 것을 말한다. 이 토지수탈 운동은 1차 인클로저와 2차 인클로저로 진행된다.

15세기 중반부터 17세기 중반 무렵까지 진행된 1차 인클로저 운동은 양들을 방목할 목장을 조성하는 것이 목적이었다. 당시는 모직물업이 융성하고 점차 매뉴팩처로 생산되어 나가던 시기로, 그 원료인 양모의 수요가 증가하고 가격이 상승하던 터라 목장 조성은 곧 이익을 낳았기 때문이다.

2차 인클로저 운동은 18세기부터 19세기 초까지 진행되었는데, 주로 소맥 등 곡물의 증산을 목적으로 했으며, 의회에서 법률을 제정해 합법화하는 방법(의회적 인클로저라고도 불린다)으로 수행된 점이 특징이다. 2차 인클로저 운동이 일어난 첫번째 배경으로는, 영국에서 자본주의 발전에 따른 인구증가로 곡물가격이 치솟았던 것을 들 수 있다. 또 당시 농업기술의 경우, 노퍽 윤작법(노퍽Norfolk 지방에서 시작된 4윤작법) 등과 같은 진보가 있었지만, 이것은 대토지 이용을 전제로 하고 있어 이 기술을 채용해서 생산성을 높이기 위해서는 소토지 소유 농민을 배제할 필요가 있었던 것이다.

이와 같은 인클로저 운동에 의해 15~16세기에 번창했던 대부분의 요먼리(독립 자영농민)는 토지를 빼앗기고 농업이나 그 밖의 다른 산업의 노동자가 되었다. 또 그 가운데 일부 요먼리는 농업자본가(차지농장 경영자)가 되었다. 19세기가 되면 독립 자영농민의 수는 전체 농민의 10%도 채 되지 않는다. 이렇게 해서 영국의 농업은 농업자본가가 지주에게서 토지를 빌리고 농업노동자를 고용해서 생산하는 구조로 변화하였다.

농민으로부터 토지수탈 : 일본

이번에는 일본의 경우를 한번 살펴보자. 메이지유신의 각종 개혁으로 일본에서도 자본주의 생산이 발전하기 시작했다. 그중에서도 중요한 개혁이 1873년의 지조(地租)개정이다. 지조개정이 단행되기 2년 전에는, 1643년부터 실시되어 오던 전답영구매매금지령이 해제되고 토지소유자에게 새로운 지권(地券)을 발행함으로써 농민의 토지소유권을 정부가 확인해 준다. 일본에서도 일단 사적 소유에 기초를 둔 소농경영이 광범위하게 생겨났던 것이다(이 시점에는 소작지 비율이 전체 경지의 20%가 채 안 되며, 나머지 대부분은 자작농지였다). 그러나 이들 농민 가운데 상당수가 지조개정으로 토지를 잃게 된다.

지조개정이란 토지를 소유하는 농민에게 토지가격의 3%를 세금으로 부과하기로 한 것인데, 첫째로 이것은 매우 무거운 세금이었다. 왜 그런가 하면 메이지 정부가 에도 시대의 공납 조세수입을 감소시키지 않는다는 방침으로 세율을 결정했기 때문에, 전체적으로 볼 때 농민의 부담은 에도 시대와 달라진 게 없었던 것이다. 덧붙여서 말하자면 에도 시대의 공납은 평균 생산물의 40%(四公六民) 정도였던 것으로 알려져 있다. 결국 수확량의 40% 가량을 확보할 수 있게 하기 위해서, 토지가격의 산정방식이라든가 세율 3%가 결정되었던 것이다. 1870년대에는 정부수입의 85%가 이 토지세였으며, 이 수입으로 메이지 정부는 식산흥업(殖産興業)·부국강병 정책을 밀어붙였다.

또한 1876년에는 '질록처분(秩祿處分)'이 단행된다. 질록처분은 에도 시대에 공납의 수탈자였던 사족(士族, 구 영주와 그 가신들)들에게 녹봉(무사의 급여)을 지급하는 대신에 공채(금록공채증서 金祿公債證書)를 발행하는 것을 말한다. 이렇게 사족들에게 발행한 공채의 전체 규모는 연간 정부수입의 거의 3배에 이르렀고 이자부담 역시 연간 지출의 20% 가까이 육박했는데, 토지세는 이것을 조달할 목적으로 부과되었던 것이다.

지조개정의 두번째 특징은, 토지소유자인 농민을 대상으로 일률적인 세율로 금납(화폐징수)을 하게 했다는 점이다. 에도 시대의 공납의 경우, 소작인을 포함한 경작자가 대상이었고 원칙적으로 금납이 아니라 현물납이었으며 공납이 일률적인 것은 아니었다. 그러나 지조개정 후 금납으로 되면서 농민들은 생산물을 무리해서라도 팔아 화폐로 바꿔야 했으며, 이것이 농민의 몫을 불안정하게 했다.

특히 일률적으로 무거운 세금이 부과되었기 때문에 평균도 안 되는 가난한 농민이나 여러 가지 사정으로 수확이 적었던 농민들은 고리대업자(지주인 경우가 많다)에게 빌린 빚이 쌓여서 결국 토지를 처분하지 않을 수 없었던 것이다.

이렇게 해서 상당수의 농민이 소작농 혹은 다른 산업의 노동자로 되었다. 1880년대 말에는 전체 논의 44%가 소작지이며, 전체 농가 가운데 완전한 자작농은 겨우 33%에 지나지 않게 된다.

영국과 달리 일본의 농업에서는 자본가 경영이 생겨나지 않았다. 오히려 지주와 소작인이라는 반(半)봉건적 관계가 농업에서는 지배적이었다. 지주는 소작인들로부터 생산물의 50%가 넘는 높은 지대를 현물로 거둬들였다(에도 시대와 마찬가지로 이 지대는 공납이라고 불리고 있었다). 이와 같이 무거운 공납(지대)을 거둬들이기 위해서는 주종관계나 무력 같은 경제 외적 힘으로써 강제하는 것이 필요하다. 봉건제 생산에서 영주와 농민 사이에 맺어졌던 것과 똑같은 관계가 필요한 것이다. 일본의 지주가 소작인들에게서 거둬들이는 지대는, 영국의 차지농장 경영자(농업자본가)가 그 이윤 중 일부를 지주에게 지불한 지대 같은 순경제적이고 근대적인 지대와는 다르다.

그렇다면 지주는 어떻게 경제 외적인 강제력을 가질 수 있었을까. 그 주요한 이유는 메이지 정부의 권력이 자본가와 지주를 기반으로 하고 있었던 데 있다. 앞에서 설명했듯이, 메이지 초기에는 소농경영을 하는 농민이 광범위하게 생겨난다. 자유민권운동 같은 민주주의적 정치운동은 이들 농민들의 요구에 그 뿌리를 두고 있었다. 이런 한편 지조개정은 소농경영을 바탕으로 한 농민층을 분해시켜 지주와 소작농을 창출한다.

메이지 정부는 이 지주층을 권력의 기반으로 끌어들임으로써 민주주의 운동을 좌절시킨다. 정부는 지주들이 소작농으로부터 공납을 수탈하는 것을 경찰과 군대의 힘으로 보장해 주었다. 그리고 1884년의 새로운 지조조례(地租條例)에 의해 토지세를 토지가격의 2.5%로 인하하고, 법정 토지가를 고정화시켰다. 게다가 농산물 가격도 상승하여 금납인 토지세는 상대적으로 크게 줄어들게 되었다. 이렇게 해서 토지세의 부담자인 토지소유자(지주)는 우대되며 메이지 정부의 권력을 떠받치게 된다.

농업분야에 이 같은 전근대적인 봉건적 관계가 남아 있었다는 것 자체가 농업생산의 자본주의화를 가로막았다. 또한 일본 사회 전체에 전근대적인 관계를 잔존시키는 토대가 되었던 것이다. 그러다가 제2차 대전 후의 농지개혁으로 지주제가 해체됨으로써 이 봉건적 관계는 해소되었다.

이와 같이 영국과 달리 일본에서는 농업생산이 자본주의화되지 않았다. 그 가장 큰 차이점은, 영국은 세계에서 최초로 본격적인 자본주의 생산을 개척한 나라인 데 비해 일본은 상당히 늦게 정부 주도로 자본주의화를 추진한 나라라는 점이다.

영국은 장기간에 걸쳐서 농업과 공업을 자본주의화해 나간다. 지금까지 설명했듯이, 영국에서는 14세기 말 무렵이 되면 농노제가 사실상 소멸하고 15세기에 독립 자영농민의 시대가 되었다. 자본주의 시대라고 일컬을 수 있는 것은 16세기부터인데, 16세기 중반 무렵부터 매뉴팩처 단계로 진입해서 그후 200여 년 이어지다가 18세기 후반에 들어가서야 산업혁명이 일어났다. 봉건제(농노제)가 붕괴되고부터 산업혁명까지 350년 넘게 걸리지만, 일본의 경우에는 1868년이 메이지 원년이니까 봉건제가 무너지고 20년도 채 지나지 않은 1885년 무렵부터 경공업을 중심으로 산업혁명에 진입한다.

산업혁명을 거치면 자본주의는 대공업의 발전력을 토대로 크게 발전한다. 일본의 경우, 발전력 있는 대공업의 시대로 곧바로 진입했기 때문에 농업에서는 봉건적인 관계가 남아 있을지라도, 물론 왜곡되기는 하지만 자본주의 생산이 공업분야에서 급속하게 발전할 수 있었으며 전체적으로 자본주의화·근대화가 진행되었다고 말할 수 있지 않을까 생각한다.

자본주의 생산을 시작하기 위한 기초로서 필요한 것이 농민으로부터의 토지수탈이다. 이런 토지수탈이 영국과 일본에서는 어떻게 이루어졌는가. 이 문제에 관한 기초적인 역사적 사실을 지금까지 설명했다. 이 수탈은 물론 경제적 이익을 추구하는 수탈자의 욕망에 의해 자행되었지만, 여기서 특징적인 것은 야만적인 폭력이나 국가의 강제력이 매우 큰 역할을 했다는 점이다.

2) 사회주의 생산으로의 이행의 필연성

다음은 자본주의의 종말에 관해서이다. 자본주의 생산은 왜 그 생명을 다할까. 그리고 어떤 생산체제로 이행하는 것일까.

이 문제에 대해 『자본론』은 많은 부분을 할애해서 서술하고 있다. 자본주의가 막을 내리는 필연성을 해명하고, 이행하는 생산체제의 아주 기본적인 성격을 밝히고 있다. 그러면 『자본론』의 서술을 살펴보기로 하자.

자본가가 다른 자본가를 수탈하게 된다

자신의 노동으로 획득한, 이른바 개개인 독립적인 노동자와 그 여러 가지 노동조건의 유착에 기초한 사적 소유는 타인의, 그러나 형식적으로는 자유로운 노동의 수탈을 기반으로 하는 자본주의적 사적 소유에 의해 구축(驅逐)된다.

깊이와 폭의 면에서 볼 때, 이 전화과정이 낡은 사회를 충분히 분해시켜 버리면, 노동자가 프롤레타리아로 전화되고 그들의 모든 노동조건이 자본으로 전화되어 버리면, 자본주의적 생산양식이 자신의 발로 서게 되면, 바로 그때부터 노동의 더한층 사회화 그리고 토지와 그 밖의 생산수단 가운데 사회적으로 이용되는 생산수단들부터 순차적으로 공동적 생산수단으로의 더한층 전화, 그에 따른 사적 소유자의 더한층 수탈이 새로운 형태를 취한다. 바야흐로 수탈을 당해야 할 자는 어느덧 자영적 노동자가 아니라 다수의 노동자를 착취하는 자본가이다.

이러한 수탈은 자본주의적 생산 그 자체의 모든 내재적 법칙의 작용에 의해, 모든 자본의 집중에 의해 완성된다. 단 한 사람의 자본가가 수많은 자본가를 파멸시킨다. (『資本論』 ④, 1304~305쪽)

이제까지 설명한 바와 같이, 자영의 소경영은 자본주의적인 생산에 의해 대체되며(=수탈당하며), 이로써 생산수단은 집적되고 다수의 노동자가 그것을 사용해서 생산하게 된다. 자영의 소경영이 수탈당할 만한 것이 사라져 버린 후에 생산수단을 더욱더 집적하고 더 많은 노동자들로 생산을 해나가기 위해서는, 한 자본가가 다른 자본가와의 경쟁에서 승리해서 그 자본가가 소유하고 있는 생산수단을 자기 것으로 만드는 것(=수탈)이 필요하다. 사태는 이와 같이 진행되어 가는 것이다.

수탈자(＝대자본가)가 수탈당한다

이 집중, 즉 소수의 자본가에 의한 다수 자본가의 수탈에 상응해서, 노동과정의 협업적 형태가 점점 더 대규모화하고, 토지의 계획적 이용과 과학의 의식적인 기술적 응용이 이루어지고, 노동수단이 공동으로만 사용될 수 있는 노동수단으로 전화하고, 결합된 사회적 노동의 생산수단으로서의 사용에 의해서 모든 생산수단이 절약되고, 모든 국민이 세계시장의 그물 속으로 편입하게 되고, 따라서 또 자본주의 체제의 국제적 성격이 발전한다. 이 전화과정의 일체의 이익을 가로채서 독점하는 대자본가의 수가 끊임없이 감소해 감에 따라 빈곤·억압·예속·타락·착취의 총량은 증대한다. 그러나 또 끊임없이 팽창하는 바의, 자본주의적 생산과정 그 자체의 기구에 의해 훈련되고 결합되고 조직되는 노동자계급의 반항 역시 증대한다. 이와 더불어 또한 자본독점은 그 토대에서 꽃 피운 이 생산양식의 질곡으로 작용한다. 생산수단의 집중과 노동의 사회화는 마침내 그 자본주의적인 외피와 조화를 이룰 수 없게 되는 지점에 이른다. 이 외피는 산산조각이 난다. 자본주의적 사적 소유의 조종이 울린다. 수탈자가 수탈당한다. (『資本論』 ④, 1305~306쪽)

이 문장에서 마르크스가 언급하고 있는 내용은 대략 이런 것이다.

자본주의 생산에서는 모든 자본들간(=모든 기업들간)의 경쟁을 통해서, 경쟁에서 승리하여 다른 자본을 수탈한 거대기업(=대자본가)이 생겨나서 생산을 지배하고 이익을 독점하게 된다.

그러나 그 과정에서 노동자는 점점 다수가 협동으로 일하게 되며 생산에는 과학기술이 응용되고 생산수단은 점점 더 집적되어 대규모화한다. 각 생산 상호간의 연결 또한 국제적인 수준으로까지 발전한다.

또 똑같이 그 과정에서 사람들의 빈곤이나 예속, 착취당하는 총량도 늘어나지만 그와 동시에 훈련되고 결합되고 조직화된 노동자계급의 힘 역시 증대한다.

이리하여 자본주의 생산의 발전 아래서 생산방식(그 내용)은 집중된 생산수단을 이용해서 사회화된 노동에 의해 수행되는 것으로 점차 변화해 간다. 바로 이것이 자본주의 아래서 꽃피운 생산방식이다.

그런데 대자본의 이익독점은 이 생산방식이 더한층 발전하는 것을 속박하게 된다. 그리고 필연적으로 이 생산방식(그 내용)은 대자본에 의한 이익독점이라는 생산의 외피(겉을 둘러싸고 있는)와 조화를 이룰 수 없게 된다. 이렇게 되면 생산의 외피(이 역시 생산의 방식이지만 내용이 없는 틀이다)를 깨부수지 않을 수 없다. 즉 수탈자(=대자본가)가 수탈당하고 자본주의 생산의 죽음을 알리는 종이 울린다는 것이다.

앞의 인용문에는 명시되어 있지 않지만, 수탈자가 수탈당한다는 것은 대자본가의 생산수단이 탈취되어 사회적 소유로 된다는 의미이다. 결합된 노동자(＝사회) 자신이 생산수단을 공동으로 소유해서 공동으로 생산한다는 공산주의 생산을 향해 생산체제의 이행이 시작된다. 공산주의 사회의 저차원 단계를 사회주의 사회라고 부르고 있으므로, 수탈자가 수탈당하는 사회주의 생산이 시작된다고 해도 좋을 것이다.

이 수탈자의 수탈을 중심적으로 추진하는 세력은 자본주의 생산 속에서 창출되어 증대하고, 자본에 종속되어 억압당하면서도 자본주의 생산 속에서 조직되고 단련된 노동자계급이다. 수탈자를 수탈하는 것, 바로 이것이 인류사에서의 노동자계급의 위대한 역할인 것이다.

그리고 앞의 인용문에 나오는 "결합된 사회적 노동의 생산수단으로서의 사용에 의해서 모든 생산수단이 절약되고"라는 구절의 경우, 그 뜻을 이해하기 어려울지도 모르기 때문에 잠깐 부연설명을 해두겠다.

각각의 용어가 어떤 용어에 연결되는지 파악하기가 어려운데, '결합된 노동' '사회적 노동'에 채택되는 생산수단을 사용함으로써 생산수단 일반을 절약한다는 의미이다. 『자본론』제 I 권 제11장 '협업'과 제Ⅲ권 제5장 '불변자본의 사용에서의 절약'에서 이 문제를 다룬 상세한 서술이 나온다.

제 I 권 제11장의 서술은 다음과 같다.

모든 생산수단의 사용에서의 이 절약은 오직 많은 사람들이 노동과정에서 모든 생산수단을 공동으로 소비하는 것으로부터 발생한다. (『資本論』③, 566쪽)

그리고 제Ⅲ권 제5장의 해당 구절은 다음과 같다.

모든 생산수단의 집적 및 그것들의 대량적인 사용으로부터 발생하는 이 모든 절약은, 본질적 조건으로서 노동자들의 집합 및 집단작업, 즉 노동의 사회적 결합을 전제로 한다. (『資本論』⑧, 136쪽)

그러면 구체적으로 어떤 절약인지 한번 살펴보자. 가령 생산량을 2배로 늘리려고 할 때, 똑같은 공장을 하나 더 짓는 방법을 택하면 그 비용도 2배로 되지만, 그 공장의 규모를 확대하는 방법을 택하면 일반적으로는 설비도 그렇고 노동자의 수 등 모든 것을 2배로 하지 않아도 되기 때문에 그 비용이 상당히 절약될 수 있다.

중언부언이지만, 일반적으로 말하면 동일한 생산물을 각각 다른 공장에서 생산하는 것보다 하나의 공장에서 집중적으로 생산하는 쪽이 생산수단을 절약할 수 있다는 것이다.

이와 마찬가지로, 일반적으로 생산량을 2배로 늘릴 경우 원재료 등은 2배가 되지만 기계설비의 양은 2배가 되지 않아도 되기 때문에 생산수단의 비용은 2배가 되지 않는다. 오늘날 이것을

'규모의 이익'이라고 부르고 있다.

이 밖에도 마르크스는 생산수단이 집중되면 건물뿐 아니라 저장장소도 절약할 수 있거니와 동일한 폐기물이 대량으로 집적되기 때문에 이것을 재활용할 수 있게도 된다고 서술하고 있다.

'부정의 부정'의 법칙과 사회주의 생산으로의 이행의 연관성

그런데 마르크스는 바로 앞에서 인용한 문장에 이어 소경영에 의한 생산으로부터 자본주의 생산이 생겨나서 나아가 사회주의 생산으로 발전하는 과정을 특징짓는 문장을 쓰고 있다. 마지막으로 이 문장을 한번 살펴보기로 하겠다.

자본주의적 생산양식으로부터 태어난 자본주의적 취득양식은, 따라서 또 그로 인한 자본주의적 사적 소유는 자신의 노동을 기반으로 하는 개인적인 사적 소유의 최초의 부정이다. 그러나 자본주의적 생산은 자연과정의 필연성으로써 그 자신의 부정을 창출한다. 이것은 부정의 부정이다. 이 부정은 사적 소유를 재건하는 것은 아니지만, 그러나 자본주의 시대의 성과—즉 협업과 토지공유 및 노동 그 자체에 의해 생산된 생산수단의 공유—를 기초로 하는 개인적 소유를 재건한다.

물론 모든 개인의 자기 노동을 바탕으로 한 분산적인 사적 소유가 자본주의적인 사적 소유로 전화하는 것은, 사실상 이미 사회적 생산경영을 토대로 하고 있는 자본주의적 소유의 사회적 소유로의 전화와 비교할 수 없을 정도로 오랜 시간이

걸리고 혹독하고 어려운 과정이다. 전자의 경우에는 소수의
탈취자에 의한 인민대중의 수탈이 자행되지만, 후자의 경우
에는 인민대중에 의한 소수의 탈취자의 수탈이 이루어진다.
(『資本論』④, 1306~307쪽)

첫번째 문단은 변증법의 '부정의 부정'의 법칙이 생산체제의
발전(소경영에 의한 생산→자본주의 생산→사회주의 생산)에
도 들어맞는다는 점을 지적하고 있다.
  그렇다면 우선 '부정의 부정'의 법칙에 관한 엥겔스의 설명을
들어보기로 하자. 다행히 이 부분을 듀링이 비판한 데 대한 엥
겔스의 반(反)비판이 『반듀링론』에 나오기 때문이다.
  '부정의 부정'의 법칙이란 엥겔스에 따르면 "그것은 지극히
간단한, 곳곳에서 날마다 벌어지고 있는 사물의 진행방식"(エン
ゲルス 著·村田陽一 譯,『反デユーリング論 (1)』國民文庫版, 大月書店,
210쪽)이다. 엥겔스는 이렇게 서술한 다음에 많은 실례를 들고
있는데, 그 가운데서 식물계(보리)와 역사(토지소유), 두 가지
예를 인용해 보기로 하자.

  보리알갱이를 가지고 한번 보자. 수억, 수조 개나 되는 이
런 보리알갱이는 빻아져서 삶아져서 발효되어서 사람들에게
먹힌다. 그렇지만 만약 이런 보리알갱이 하나가, 그 보리 쪽
에서 볼 때 정상적인 조건에 우연히 맞닥뜨리게 되면, 즉 좋
은 조건의 땅에 떨어진다면, 열과 습기의 영향을 받아 거기에

서 특유의 변화가 일어난다. 다시 말해 싹을 틔운다. 이렇게
해서 보리알갱이는 소멸하고 부정되고, 그 대신 그 보리 알갱
이로부터 탄생한 식물, 보리알갱이의 부정이 나타난다. 그렇
지만 이 식물의 정상적인 생애란 어떤 것인가? 그것은 자라
나고 꽃을 피우고 수정하고 마지막으로 다시 보리알갱이를
낳는다. 그리고 그 보리알갱이가 여물게 되면, 곧 이어 줄기
는 시들어버리고 이번에는 그것이 부정된다. 이러한 부정의
부정의 결과로서, 다시 처음의 보리알갱이가 얻어지지만, 그
러나 이때는 한 알이 아니라 10배, 20배, 30배…의 보리알갱
이가 얻어진다. (같은 책, 210~11쪽)

  역사도 이와 다르지 않다. 모든 문화민족은 토지의 공동소
유로부터 출발하고 있다. 일정한 원시단계를 거쳐온 모든 민
족들 사이에서, 농경이 발전해 가는 과정에서 이 공동소유는
생산에 대한 질곡으로 작용한다. 공동소유는 폐지되고 부정
되어 짧고 긴 갖가지 중간단계를 거쳐 사적 소유로 전화된다.
그러나 토지의 사적 소유 그 자체에 의해 농경이 좀더 높은
발전단계로 진입하게 되면, 거기에서는 역으로 사적 소유가
생산에 대한 질곡으로 작용한다 ― 바로 이것이 소토지 소유
와 대토지 소유를 막론하고 오늘날 볼 수 있는 바의 상태이
다. 이 사적 토지소유 또한 마찬가지로 부정하고 다시 공유재
산으로 전화하려고 하는 요구가 필연적으로 나타나게 된다.
그렇지만 이 요구는 과거의 원시적 공동소유의 부활을 의미

하는 것이 아니라, 훨씬 고도의 더욱 발전한 공동소유 형태를 수립하는 것을 의미하기 때문에, 이 형태는 생산의 장애로 작용하기보다는 오히려 비로소 생산을 질곡으로부터 해방시키고 근대의 화학적 발견이나 기계적 발명을 충분히 이용할 수 있게 하는 것이다. (같은 책, 213~14쪽)

이상과 같은 실례들을 소개한 다음에 엥겔스는 '부정의 부정'의 법칙을 이렇게 서술하고 있다.

그렇다면 부정의 부정이란 무엇인가? 그것은 자연과 역사 그리고 사고(思考)의 지극히 일반적인, 또 바로 그 때문에 매우 광범위하게 작용하고 있는 중요한 발전법칙이다. 이상에서 살펴보았듯이, 부정의 부정은 동·식물계나 지질학, 수학, 역사, 철학에서도 효력을 발휘하고 있는 법칙이〔다.〕 … 내가 뭔가 특수한 발전과정, 예를 들어 보리알갱이가 싹을 틔우는 데서부터 열매를 맺은 식물이 사멸하기까지의 이 보리알갱이가 거쳐가는 발전과정을 놓고 이것은 부정의 부정이다, 하고 말한 대목에서, 그 발전과정에 관해서는 아무런 언급을 하지 않았던 것은 분명하다. … 내가 이 모든 과정에 대해 그것들은 부정의 부정이다라고 말할 때 나는 그것들 모두를 통합해서 이 하나의 운동법칙으로 포괄하는 것이어서, 바로 그 때문에 각각의 특수 과정의 특수성을 고려하지 않고 있는 것이다. 그러나 변증법이란 자연과 인간사회 그리고 사고의 일반적인

운동＝발전법칙에 관한 과학 그 이상은 아닌 것이다. (같은 책, 218쪽)

　설령 변증법에서의 부정이 단순히 '아니다'라고 말하는 것이라 하더라도 또 어떤 물(物)을 '존재하지 않는다'라고 언명하는 것이라 할지라도, 그 물(物)을 자의적인 방식으로 파괴하는 것 또한 아니다. 이미 스피노자가 … '모든 한정 또는 규정은 동시에 부정이다'라고 말하고 있다(즉 변증법에서 부정이란 직접적으로는 한정 또는 규정인 것이다—인용자). 더욱이 이 경우의 부정의 방법은, 첫째로 과정의 일반적 성질에 의해, 둘째로 그것의 특수한 성질에 의해 규정되고 있다. 단순히 부정하는 것뿐만 아니라 그 부정을 다시 지양하지 않으면 안 되는 것이다. 그러므로 제1의 부정은 제2의 부정이 더욱 가능해지는 혹은 가능해지도록 하는 방식으로 처리되어야 한다(이상이 '과정의 일반적 성질'이다—인용자). 어떻게 하면 좋을까? 각각의 경우의 특수한 성질에 맞게 그것을 수행하는 것이다. 만일 보리알갱이를 빻거나 곤충을 밟아 죽인다면, 제1의 행위(제1의 부정—인용자)는 완수되었지만 제2의 행위(제2의 부정—인용자)는 불가능해질 것이다. 이런 의미에서 어떤 종류의 사물이든 그 자체로부터 발전이 창출되어 가는, 그것 특유의 부정의 방법이 있게 마련이며 이것은 또한 그 어떤 종류의 관념이나 개념과도 부합한다(이상이 과정의 '특수한 성질'이다—인용자). (같은 책, 219쪽)

인용을 조금 길게 했지만, 일단 '부정의 부정'의 법칙은 이해할 수 있게 된 것은 아닐까 싶다. 이 '부정의 부정'의 법칙을 이해할 수 있게 되면, 앞에서 인용한 마르크스 문장의 의미를 이해하게 된다.

소경영에 의한 생산이 부정(제1의 부정)되어 자본주의 생산이 탄생하고, 이것이 다시 부정(제2의 부정)되어 사회주의 생산이 생겨난다. 그리고 사회주의 생산에서는 '개인적 소유'가 협업과 생산수단의 공동소유를 기초로 해서 재건된다.

대략적으로 이와 같은 의미인데, 엥겔스가 예로 든 보리알갱이에서는 맨 처음에 부정된 보리알갱이는 부정의 부정에 의해 수십 배의 보리알갱이로 되돌아가는 것이다.

이 논리에서 본다면, 부정의 부정에 의해 얻어지는 '개인적 소유'라는 것은 처음에 부정된 소경영에 의한 생산의 특질이어야 하는 게 된다.

그런데 마르크스의 문장 자체에, 특히 '개인적 소유'의 부분에 설명이 불충분한 대목이 있는 탓에 '개인적 소유'와 소경영에 의한 생산의 관계가 약간 이해하기 어렵게 되어 있다. 그래서 다시 좀더 엄밀하게 읽어볼 필요가 있다.

자세히 읽어보면, 제1의 부정은 자본주의 생산이 소경영에 의한 생산을 부정한다는 광의의 의미에서가 아니라 '자본주의적 취득양식'이 "자신의 노동을 기반으로 하는 개인적인 사적 소유"를 부정한다고 씌어져 있다.

그런데 자본주의적 취득양식(자본주의 생산)도 사적 소유이기 때문에, 그것이 사적 소유 일반을 부정하는 것일 수는 없다. 그러나 자본주의적 취득양식이란 자본가가 타인(=고용된 노동자)의 노동의 생산물을 자신의 것으로 취득하는 것이기 때문에, 그것은 자신의 노동의 생산물을 자신의 것으로 취득하고 개인의 것으로 만드는 것을 부정한다. 즉 '자신의 노동을 기반으로 하는 개인적인 소유'의 부정이 제1의 부정이다. 따라서 이것이 부정의 부정에 의해 재건되는 것이다.

다시 말해 사회주의 생산에서는 생산수단의 공동소유를 기반으로 해서 노동자가 공동으로 노동하고 생산물도 노동자 공동의 것이 된다. 개인이 아니고 공동이지만, 무엇보다도 자신들의 노동생산물은 자신들의 것이 되는 것이다.

자신들의 공동의 것인 이 생산물 가운데서 노동자 개개인이 필요로 하는 생활물자(소비수단)가 각자에게 분배되게 된다.

이리하여 '자신의 노동을 기반으로 하는 개인적 소유'가 발전된 생산력 아래서 더욱 풍요로운 것으로 재건되는 것이다(그리고 생산의 지속이나 발전에 필요한 생산수단이라든가 사회가 공동으로 소비하는 물자는 개개인들에게 분배되지 않고 공동의 것으로 남아 있는다).

'부정의 부정'의 법칙을 이해한 선상에서 마르크스의 문장을 읽어보면 지금 설명한 식으로밖에 해석될 수 없다고 생각되지만, 이 '개인적 소유'를 생산수단의 소유로 해석할 것인지 아니면 소비수단(생활물자)의 소유로 해석할 것인지를 둘러싸고 옛날부터 논쟁이 있어왔다.

마르크스의 이 문장에 대해 듀링이 문구를 덧붙인 점 한 가지가 바로 이것이었다. 듀링은 개인적으로 소유되는 것이 생산수단이라고 해석해서 생산수단이 "개인적인 동시에 사회적이기도 한 소유"라는 것은 "몽롱한 세계"라고 비난했던 것이다.

이에 대해 엥겔스는 개인적 소유로 되는 것이 소비대상(소비수단)이라는 것은 잘못 이해한 것이라는 취지의 반론을 펼치고 있는데, 여전히 생산수단이라고 해석해야 한다는 견해가 뿌리 깊게 존재한다.

여기에서는 그 같은 견해들에 대한 소개와 비판은 하지 않는다. 그렇다 하더라도 생산자의 생산수단 소유가 생산체제와의 관계에서 어떻게 되는 것인가 하는 문제라면, 부정의 부정의 논리를 사용해서 다음과 같이 정리할 수 있지 않을까 싶다.

첫째는, 앞에서 엥겔스가 부정의 부정의 예로 들고 있는 서술 두 가지를 소개했지만 그 가운데서 농경에서의 토지소유의 발전으로 서술되고 있는 부분은 농경뿐만 아니라 생산 일반에도 해당된다고 생각한다. 즉 생산자에 의한 생산수단의, 공동소유 →사적 소유(공동소유의 부정)→공동소유(부정의 부정)로 발전한다.[12]

둘째는, 소경영에 의한 생산→자본주의 생산→사회주의 생산이라는, 지금 다루고 있는 생산체제의 발전의 경우이다. 이것

---

12) "생산자에 의한 생산수단의" 다음의 쉼표는 바로 뒤따라나오는 "공동소유" 뿐만 아니라 그 다음에 나오는 "사적 소유(공동소유의 부정)"와 "공동소유 (부정의 부정)"도 수식한다는 의미를 가지고 있다—옮긴이.

은 이 순서에 대응시키면 다음과 같이 될 것이다.

생산자 다수에 의한 소규모 생산수단의 분산소유→생산자 다수에 의한 생산수단의 무소유(비생산자 소수에 의한 대규모 생산수단의 집중적 사적 소유)→생산자 다수에 의한 집중화된 대규모 생산수단의 공동소유

생산자와 생산수단의 소유관계로 압축해서 논리를 단순화시키면 다음과 같다.

소유→무소유(소유의 부정)→공유(부정의 부정=소유의 재건)

결국 말하고 싶은 것은, 마르크스는 이 문장에서 생산자와 생산수단의 소유관계를 문제로 삼고 있지 않다는 것이다. 만일 이 문제를 다룬다면 지금 정리한 것처럼 되리라고 생각한다.

조금 길어졌지만, 이상으로 인용문의 첫번째 문단에 대한 설명을 마치기로 하겠다. 마르크스의 이 문장의 제1의 부정을 '자신의 노동을 기반으로 하는 생산물의 취득에 의한 개인적 소유'라고 파악하고 전체를 이해하는 해석은 사실 그리 일반적인 것은 아니다. 발표는 하지 않았지만, 나는 이전부터 이렇게 파악하고 있었다. 최근 들어서 『엥겔스와 '자본론'』에서 저자가 이런 사고방식으로 매우 설득력 있는 논의(不破哲三 著, 『エンゲルス

と『資本論』上卷, 新日本出版社, 1997, 270~86쪽)를 전개하고 있으므로, 참고해 보면 좋을 것이다. 이 책에서 저자는 축적론 전체의 광범위한 문맥 속에서 이 문제를 밝히고 있다. 그러나 나의 경우는 여기서 설명했듯이 '부정의 부정'의 법칙을 정확하게 이해한 선상에서 이 문장을 읽는 방법을 취했다.

다음으로, 인용문의 두번째 문단이다. 이 부분은 읽어보면 이해가 될 것이라고 생각한다. 사회주의 생산의 핵심은 자본주의 생산 속에서 거의 완성되어 있는가 하면, 소수의 대자본가를 대다수의 인민대중이 쓰러뜨리면 자본주의 생산을 종식시키고 사회주의 생산을 시작할 수 있으므로 이쪽이 소경영에 의한 생산을 종식시키고 자본주의 생산을 시작하는 것보다 훨씬 간단하다고 말하고 있는 것이다.

자본주의 생산을 개시하기 위한 본원적 축적이 농민들로부터의 토지수탈을 기초로 하고 수탈자의 탐욕을 기반으로 해서 폭력과 국가의 강제력을 수반한 기나긴 과정이었던 점을 상기한다면, 마르크스가 말하고 있는 바를 납득할 수 있다고 생각한다.

다만 자본주의의 생명력도 그리 간단한 것만은 아니고, 생산의 핵심적 발전이 "자본주의적인 외피와 조화를 이룰 수 없게 되는 지점에 이른다"는 것이 선진 자본주의 국가들에서 마르크스의 예상보다 상당히 늦어지고 있다고 말할 수 있을 것이다. 그러나 이것은 원리의 문제가 아니라 시간의 문제라고 생각된다.

1 오늘날 일본에서는 노동자들도 상당 액수의 저금을 하고 있다. 이것은 임금이 생활비 이상으로 지불되고 있다는 것을 의미하므로, 들어가기에서 설명하고 있는 "임금(급료)이 생활비로 결정된다"는 명제와 모순되지 않는가.

확실히 일본의 가계저축률은 15% 가량 된다. 선진 자본주의 국가의 저축률을 살펴보면, 프랑스·영국·독일·이탈리아·벨기에 등이 10%대이고, 미국·네덜란드·노르웨이·스페인·핀란드·스웨덴 등은 5% 정도이다. 생활양식이나 세제 등의 차이가 각국의 저축률의 차이를 낳고 있다고 생각되지만, 아무튼 노동자에게도 저축이 있다는 것은 사실이다.

이것은 직접적인 생활비를 저축액만큼 상회하는 임금이 지불되고 있다는 것을 의미한다. 하지만 그렇다고 해서 임금의 평균 수준이 평균적인 생활비로 결정된다는 명제가 틀린 것은 아니다.

그것은 노동자의 가계저축은 일일 생활비를 절약해서 임금 중에서 일부를 저축한 것인데, 왜 저축을 하는가 하면 장기간 지속되는 생활에 대비하기 위해서이다. 가계저축의 주된 목적은 질병이나 노후를 위해서, 자식들에게 고등교육을 받게 하기 위해서, 자기 집을 가지기 위해서 등일 것이다. 결국 노동자의 가계저축은 생활비의 일부를 구성하는 것이다.

물론 또 한편으로는 이 저축은 은행 등 금융기관을 통해서 기

업에 대출된다거나 주식 따위를 매입하는 데 쓰임으로써 자본의
원천이 된다. 그러나 설령 그렇다고 해도 노동자가 자본가로 되
는 것은 아니다. 자본으로 사용된 자금의 일부를 제공했다고 해
서 자본의 소유자가 되는 것은 아니기 때문이다(주식을 소유하는
경우 형식적으로는 자본의 소유자가 되지만 실질적으로는 자금
의 제공자일 뿐이다).

그리고 세금이나 사회보험료 경우에도 저축에 관해 설명한 점
과 비슷한 문제가 있다. 오늘날 일본에서는 평균적으로 보면 근
로자 가계소득의 약 15%가 세금과 사회보험료로 지불되고 있다.
결국 임금은 직접적인 생활비를 저축액만큼 상회하고 있는 것이
아니라 세금·사회보험료 액수도 상회하고 있는 게 된다.

사회보험료는 의료비나 연금 등의 원천이 되는 것이기 때문에
여전히 생활비의 일부이다. 세금의 경우에는 논쟁의 여지가 있기
는 하지만, 오늘날에는 의무교육 등과 같은 공적 서비스를 받는
다든가 도로·상하수도 등 공공시설을 제공받는 것은 노동자들
의 생활에서도 반드시 필요한 요소이다. 그런데 이 비용들은 세
금에서 지불되고 있기 때문에, 세금 가운데 이 부분은 넓은 의미
에서 노동자의 생활비를 구성한다고 볼 수 있다 (졸저, 『現代日本
の再生産構造』, 大月書店, 1991, 제4장 2절 '정부부문' 참조).

저축이나 세금, 사회보험료가 임금 중 일정 비율을 차지하게
된 것은, 생산력의 발전과 인구에서 노동자가 차지하는 비율 및
노동자계급 힘의 증대, 평균적인 생활수준의 향상 그리고 공공부
문 역할의 증대 등 여러 가지 요인들이 가져다 준 것이며 또 중요

한 변화이지만, 그렇다고 자본주의 경제의 근본 법칙이 변화하는
것은 아니다.

2 자본주의 사회에서는 노동자가 자본가에 의해 착취당한다는 것은
알겠는데, 노동하는 자가 착취당하고 있다는 점에서는 봉건제나 노
예제 시대와 동일하다는 것인가.

그렇다. 직접생산자가 생산의 지배자에게 착취당하고 있다는 점
에서는, 자본주의 시대의 노동자와 봉건제하의 농민(농노), 노예
제하의 노예가 모두 똑같다. 그러나 착취의 방법·구조(형태)는
물론 다르다.

착취당하고 있는가 아닌가라는 관점에서 자본주의·봉건제·
노예제 사회체제를 살펴볼 때, 다음과 같은 점을 이해하는 것이
매우 중요하다.

직접생산자가 만들어내는 노동생산물을 A라고 하고, 직접생
산자가 그 생활을 유지하는 데 필요한 생산물(=생활비)을 B라고
하자(B는 생활원천 혹은 노동원천이라고 불린다). 이때 어느 사
회체제에든 생산의 지배자가 착취하는(즉 수탈하는) 것은 'A-
B(=잉여생산물)'이다.

원시사회를 거치면서 인류는 점차 생산력을 향상시켜 왔지만,
이 잉여생산물이 나오게 되면서 비로소 생산의 지배자와 착취가
생겨났던 것이다. 또한 생산의 지배자라고 하더라도 잉여생산물
을 뛰어넘는 착취를 장기적으로 계속하기란 불가능하다. 왜냐하

면 생활원천(B)까지도 수탈당하고서는 직접생산자는 삶을 이어 갈 수 없거니와 생산을 지속할 수도 없기 때문이다.

봉건제 아래서는 생산의 지배자(영주·지주·무사 등)는 직접 생산자인 농민이 노동해서 생산한 곡물 중에서 지대 명목으로 공납을 강제적으로 징수한다. 도쿠카와(德川) 막부의 "농민들이 살아나지도, 죽어버리지도 않을 정도로만"이라는 말에서 단적으로 드러나듯이, 생산의 지배자는 농민들이 간신히 연명할 수 있는 양(B)만 남기고 가혹하게 공납을 징수하였다. 따라서 봉건제는 생산의 지배자가 'A−B(잉여생산물)'를 착취하고 있는 것이 누가 보더라도 확연히 알 수 있는 착취구조이다.

노예제 아래서는 생산의 지배자(노예주)는 직접생산자인 노예를 자기 소유물로 만듦으로써 그 노예의 생산물도 모두 자신의 소유로 만들어버린다. 따라서 노예제 아래서는 생산의 지배자(노예주)가 직접생산자(노예)의 생산물(A)을 모두 착취하고 있다고 볼 수 있다. 그러나 노예가 살아가기 위해서는 생활원천(B)이 필요하다. 노예주는 이미 획득한 노예의 생산물 중에서 이 생활원천(B)을 노예에게 주어야 하기 때문에, 노예주가 착취하는 것은 여전히 'A−B(잉여생산물)'를 착취하는 게 된다.

자본주의 아래서는 생산의 지배자인 자본가는 직접생산자인 노동자에게 그 노동의 대가로서 임금을 지불하는 것처럼 보인다. 그렇기 때문에 자본주의에서는 착취가 전혀 일어나지 않는 것 같다.

자본주의 생산의 구조는, 착취하는 것을 은폐해 버리려고 하는 착취구조라는 데 그 중요한 특징이 있다. 이미 설명한 바와 같이, 자본가가 지불하는 임금은 노동의 대가가 아니라 노동력의 대가이며, 임금의 평균수준은 노동자의 평균생활비로 결정된다. 즉 임금은 생활원천이다. 무슨 말인가 하면, 자본가는 노동자가 생산한 노동생산물을 취득해서 생활원천으로서의 임금을 지불하는 것이기 때문에 여전히 'A−B(잉여생산물)'를 착취하고 있는 게 된다.

3 이 장의 제1절을 보면, "각각의 관계에서 매매되는 것이 무엇인가" 하는 물음에 대해 고용관계에서는 노동력, 의료나 교육이나 이·미용에서는 서비스 노동, 그리고 노예제에서는 인간 자신이라고 설명되어 있다. 그래서 하는 질문인데, 서비스 노동이 상품인가? 만약 상품이라면 그 가격이나 가치는 무엇으로 결정되는가? 또한 가정에서 가정부를 고용하는 경우에도 역시 노동력이 매매되고 있는 것인가?

의료나 교육이나 이·미용 같은 서비스 노동은 오늘날에는 상품으로 되어 있다. 다만 『자본론』 제1장에서 분석의 출발점으로 하고 있는 그런 본래의 상품(노동생산물의 상품형태＝상품으로 되고 있는 노동생산물)은 아니다. 이 점에 대한 이해가 매우 중요한 이유는 이 책의 제1장 질문 1에서 설명했으므로 다시 한 번 읽어 보기 바란다.

　왜 상품으로 되어 있다고 말할 수 있는가 하면, 의료나 이·미용 등의 서비스 노동에는 가격이 책정되어 있고 한 덩어리로 매매되고 있기 때문이다. 노동생산물이 상품으로 되어 있는 오늘날 사회는 그것을 기초로 노동생산물 이외의 모든 것이 상품이 될 수 있는 사회이다. 토지도 생명보험도, 나아가 인간의 '성(性)'이나 정치가의 '신조'까지도 말이다.

따라서 서비스 노동이 상품이라는 점에서 보더라도 일률적으로 취급하지 않고 그 핵심에 대해 검토할 필요가 있다. 똑같은 서비스 노동이라 해도 건축설계 서비스나 운송 서비스, 상업 서비스, 금융 서비스, 의료 · 교육 · 미용 등의 서비스는 그 각각의 경제적인 내용이 본질적으로 다르다. 물질적 생산물의 재생산이라는 경제의 기초 측면에서 보면, 건축설계나 운송은 물질적 생산의 일부를 담당하기 때문에 넓은 의미에서의 생산이지만, 상업이나 금융업, 의료 · 교육 · 미용은 물질적 생산이라기보다 그 활동에 의해 물질적인 생산물을 소비하기 때문에 넓은 의미에서의 소비이다. 더욱이 각각 독자적인 경제기능을 가지고 있다.

그런데 상업이나 금융업, 의료 · 교육 · 미용 등의 서비스는 본질적으로는 소비임에도 불구하고 경영체로서 성립해 있으며 생산과 똑같은 형식(서비스를 생산물로 간주해서 그것을 생산하고 판매하는 형식)을 취하고 있다. 간주된 생산, 의제(擬制) 생산이다.

근대경제학은 이 형식을 중시하여 상업이나 금융업, 의료 · 교육 · 미용도 농업이나 기계공업과 마찬가지로 소득(부가가치)을 생산하고 있다고 파악하고 국민소득 통계 등을 내고 있다. 확실히 상업이나 금융업, 의료 · 교육 · 미용도 그 자체의 활동으로 소득을 얻고 있기 때문에 이와 같은 파악방식과 통계는 일정한 유효성을 가진다.

그러나 우리의 실제 느낌 면에서도 상업이나 금융업, 의료·교육·미용을 농업이나 기계공업과 동일시해서 생산으로 파악하는 데는 위화감이 들 것이다. 역사적으로나 논리적으로 물질적인 생산이 본래의 생산이다. 이 점에 입각해서 이 같은 서비스업들의 본질이 무엇인가를 생각해 보면, 역시 그것은 간주된 생산, 의제 생산이다.

그런데 서비스 노동을 의료나 교육, 미용 등에 국한시켜서 생각해 보면, 이 노동들의 기능은 모든 개인의 생활을 위해 유용하다는 것이다. 모든 개인은 이 서비스 노동들을 구입해서 소비(개인적으로 소비)한다. 소비재와 유사한 기능을 가지고 있는 것이다. 그렇다면 의료나 교육이나 미용 같은 서비스의 가격은 무엇을 기준으로 결정되는 것일까. 그 가격의 기준이 되는 가치의 핵심은 무엇일까.

앞에서 설명한 바와 같이 의료나 교육, 미용은 생산과 똑같은 형식을 취하고 있기 때문에, 생산물로 간주되는 서비스의 가격은 그 서비스를 생산하기 위해서 드는 비용에 평균적인 이윤을 덧붙인 것(광의의 생산비)을 기준으로 해서 결정된다. 이것이 이 서비스들의 가격 기준(이른바 '가치')이다.

의료를 예로 들어보면, 병원건물이나 의료기구의 감가상각비와 의료기구·약품비 같은 소모품 비용에 의사·간호사 등의 인건비를 더한 전체 비용에 평균적인 이윤을 추가한 것(광의의 생산비)이 공급가격으로 된다.

단 이 광의의 생산비를 가치의 실체(노동량)를 기초로 해서 설정하려고 할 때는 논의가 엇갈린다. 즉 의료나 교육, 미용에서의 서비스 노동도 가치의 실체가 될 수 있는가 하는 문제이다. 나는 물질적 생산(본래의 생산)을 담당하는 노동만이 가치의 실체가 될 수 있다고 생각하기 때문에 '간주된 생산'인 이 서비스 노동들은 가치의 실체가 될 수 없다고 본다.

다음으로, 가정에서 가정부를 고용하는 경우에 관해서이다. 이 경우는 질문에서 말하고 있듯이 노동력이 매매되는 것이다. 가정부의 노동력을 고용주의 가정이 구입하고 있는 것이다. 다만 고용주의 가정은 구입한 노동력을 사용해서 얻어지는 노동으로 그 어떤 상품도 생산하지 않는다. 따라서 고용주에게 수입을 가져다주는 것은 아니다.

고용주는 자본가가 아닐 뿐더러, 고용주 쪽에서 볼 때 고용된 가정부의 임금 또한 생산을 위한 비용(＝생산비)이 아니라 소비를 위한 비용(＝소비비용)이다(서비스를 어떻게 파악할 것인가에 관해서는 졸저, 『計量分析·現代日本の再生産構造』, 제4장 3절 '서비스 부문' 참조. 그리고 서비스 생산으로서의 의료에 관한 분석은 졸저, 『高齢化社會はこうすれば支えられる』, 제7장 참조).

4 들어가기에서는 잉여가치율을 167%라고 설명하고 있는데, 오늘날 일본의 경우 잉여가치율은 어느 정도 되는가.

잉여가치율은 곧 착취율이기도 하다. 질문 3의 대답에서도 설명했듯이, 자본주의 생산은 착취가 은폐되는 구조로 되어 있지만, 봉건제 생산은 그와 반대로 착취가 노골적이고 공납률이 착취율을 나타내고 있다. 예를 들어 '5공5민'이라고 일컬어지는 에도시대의 공납률은 착취율이 5/5이니까 100%라는 말이다. 다만 평균 공납률은 '4공6민' 정도였던 것 같은데, 그렇다면 착취율은 4/6이니까 66.7%가 된다.

자본주의 생산의 경우는 잉여가치율(착취율)이 은폐되는 구조로 되어 있기 때문에, 그 수치는 통계에 기초해서 추산할 수밖에 없다.

들어가기에서 설명한 바와 같이 노동자가 생산한 가치는 V + M이고, 노동력의 가치(임금)는 V이다. 자본가가 지불하지 않고 수중에 넣은 잉여가치 M은 V + M에서 V를 제하고 얻어진다. 가치의 실체는 생산물에 포함된 노동시간이기 때문에, 이 수치들은 생산물에 포함된 노동시간을 기초로 해서 구하는 것이 가장 정확하다.

우선 물적 생산부문 노동자의 노동시간을 추산해서 V + M을 구한다. 다음으로, 이들 노동자에게 지불되는 노동력의 가치인데, 이것은 임금(급여)에 의해 소비되는 생활물자 등(생산물과 서비스)에 포함된 노동시간을 추산해서 구한다(서비스의 경우는 그것을 제공하는 데 필요한 생산물에 포함된 노동시간을 추산한다).

이와 같은 방법으로 추산한 사례가 있는데, 그에 따르면 1975년 일본의 경우 물적 생산부문의 노동자 1인당 연평균 노동시간

은 2,414시간이다. 이것이 V+M이다. 또 그 노동자가 자기 임금으로 소비하는 생활물자 등에 포함된 노동시간은 평균 791시간이다. 이것이 V이다. 따라서 잉여가치율 M은 2,414에서 791을 뺀 1,623시간이다. 그리고 잉여가치율은 2,414/791이므로 205%가 된다(泉弘志, 「勞動價値計算による剩餘價値率の推計」, 『經濟』1980年 5月號, 新日本出版社 참조).

이 추산에 따르면, 오늘날 일본의 잉여가치율(착취율)은 약 200%이다. 에도 시대 '5공5민'의 착취율이 100%이니까, 착취율은 그보다 2배나 더 커진 셈이다. 단 이것은 노동자의 생활수준이 그만큼 낮아지고 있음을 의미하는 것은 아니다.

무슨 말인가 하면, 아주 대략적인 추산에 따르면, 메이지유신에서부터 전전(戰前)의 전성기 때까지의 일본 국민총생산은 실질적으로 약 12배 증가했으며 전전의 전성기 수준에 이른 1955년 무렵부터 95년 무렵까지 약 10배가 늘어났다. 그렇다면 모두 120배가 증가한 셈인데, 물적인 생산도 국민총생산과 동일한 정도로 늘어났다고 볼 수 있다.

그런데 이 기간 동안 인구는 약 4배가 증가했으니까, 메이지유신 이후의 물적 생산증가는 1인당 약 30배가 된다. 착취율 100%에서 출발해서 1인당 생산량이 30배가 되었을 때, 그것을 생산한 노동자나 농민이 수취하는 생산물도 30배가 되면 착취율 100%는 변함이 없지만, 노동자나 농민이 받는 양이 20배라면 착취율은 200%가 되기 때문이다.

그리고 잉여가치율(착취율)이 200%라는 것은 노동자가 생산한 생산물 가운데 노동자가 임금(생활물자 등에 사용되는)으로 받는 비율이 1/3이라는 것이다.

한편 국민경제론 측면에서 고찰하면 국내 취업자 전체가 생산한 최종생산물(원자재나 부품 등이 아니고 그대로 사용할 수 있는 생산물)의 총액이 국내총생산이다. 그런데 오늘날 가계소비지출에 충당되는 최종생산물은 전체 규모의 60%가 약간 안 된다. 이렇다면 노동자 등이 받게 되는 비율은 1/3은 아니고, 2/3까지는 안 된다 하더라도 그에 근접하는 수치가 된다.

또 설명을 생략했지만, 국민총생산에서 감가상각비를 빼면 전체 취업자가 생산한 부가가치(V+M에 상당)가 된다. 그리고 이 가운데 고용자소득(대략 V 부분)의 비율은 60%를 약간 상회한다. 노동자 등의 몫은 결국 2/3다.

그렇다면 이런 1/3이라든가 2/3라는 수치의 차이는 어디에서 비롯되는 것일까. 조금 어렵기는 하지만 설명해 보기로 하겠다.

그 이유로는, 오늘날에는 상업 · 금융 · 보험 · 부동산 · 의료 · 교육 등과 같은 서비스 부문(비물질적 생산부문)의 비중이 커지고 이 부문의 취업자 수가 전체 취업자 수의 50%를 넘어서고 있다는 점을 들 수가 있다. 이 서비스 부문은 현재 행해지고 있는 국민경제 계산에서 생산부문으로 간주되어 추산되고 있다. 그러나 사실은 물적 부문의 생산물이 서비스와 교환되어 재분배됨으로써 생산부문에는 없는 이들 부문도 유지되는 것이다.

여기서 유의해야 할 것은 물적 부문 생산물 중에서 서비스 부문에 재분배되는 생산물의 경우 노동자가 수취하는 몫(임금에 해당하는 부분, V 부분)보다 착취당하는 부분(잉여가치에 해당하는 부분) 쪽이 매우 커지고 있다는 점이다.

도식적으로 말하면, 물적 생산부문의 잉여가치(M 부분) 가운데 상당 부분이 서비스 부문으로 재분배되고 있다는 것이다. 그리고 이것이 서비스 부문의 잉여가치(M 부분)와 노동자의 임금(V 부분)으로 현상화되고 있다는 것이다.

따라서 서비스 부문의 V 부분과 그것이 소비하는 생활물자를 합해서 계산하면, 노동자 등의 몫이 전체 생산의 약 2/3가 된다(더욱이 M 부분의 재분배란 물적 생산부문이 상업·금융 등의 서비스를 구입하는 것이다. 서비스 부문을 생산으로 파악할 경우에는 그 대부분이 상업마진이나 중간생산물의 구입이 되기 때문에 물적 생산부문의 M 부분에서 사라지게 된다).

『계량분석·현대일본의 재생산구조(計量分析·現代日本の再生産構造)』에서, 나는 물적 생산부문과 서비스 부문 등의 관계에 대해 논리적인 분석과 함께 세밀하게 추산했다. 여기서 설명한 내용과 관계 있는 추산결과를 조금 소개하면, 1985년 일본을 가격베이스로 파악할 경우 물적 생산부문의 생산물 가치는 492조 엔이며 이중 노동력의 가치(V 부분)가 80조 엔, 잉여가치(M 부분)가 151조 엔이다. 잉여가치율은 189%이다. 이 V 부분 80조 엔 가운데 38조 엔이, 또 M 부분 151조 엔 가운데 101조 엔이 서비스 부문에 재분배되고 있다.

5 오늘날 기업은 주로 자본가 개인이 소유하는 개인경영의 기업이 아니라 주식회사인데, 주식회사도 사적 기업이라고 생각해도 무방한가.

현대 기업의 대표적인 형태는 주식회사이다. 주식회사는 자본의 소유자인 다수의 주주가 중심이 되어 조직되는 회사인데, 여기서 주식은 주주라는 지위 혹은 자본의 구성단위인 주권(유가증권)을 가리킨다.

현재 일본의 경우, 1991년 통계를 보면 전체 기업의 약 3%가 공기업이고 나머지 97%가 민간기업이며, 이 민간기업 중 57%가 개인기업이고 42%가 법인기업이다(그리고 비법인단체는 1%가 채 안 된다). 이 법인기업의 56%가 주식회사이다. 주식회사는 수적인 면에서는 전체 기업의 약 23%이며, 종업원 수로 보면 약 54%를 차지하고 있다.

그런데 주식회사가 사적인 기업인가 하고 질문했는데, 그렇다. 도요타자동차나 신니혼(新日本)제철 같은 대규모 주식회사라 할지라도 사기업 혹은 민간기업이라고 불리고 있을 것이다. 확실히 주식회사는 사적인 개인이 소유하는 기업은 아니다. 하지만 다수의 사적인 개인이 소유하는 기업이기 때문에 역시 사기업인 것이다.

마르크스는 주식회사가 점차 힘을 얻어가는 시기를 내다보고 있었기 때문에, 주식회사를 '결합자본가' 등으로 불렀으며 『자본론』에서도 여기저기서 언급하고 있다.

예를 들어 규모가 크다든가 장기간이 걸리는 생산의 경우(철도나 도시의 대형 건축물의 건설 등)에는 대규모 자본이 상당 기간 동안 묶여 있어야 하는데, 주식회사가 생겨남으로 해서 자본에 의한 경영이 가능해졌다고 서술하고 있다. 또 주식회사는 그때까지는 자본으로 사용되지 않고 있던 화폐까지도 자본으로 만드는 것은 물론이고 자본의 집중을 촉진한다고 말하고 있다.

이상은 주식회사의 기능에 대한 언급인데, 주식회사가 발전했던 것은 신용제도(＝금융제도)의 발달 때문이라고 쓰고 있다.

『자본론』에서 주식회사에 관해 상당히 정리된 서술이 되고 있는 부분은 제Ⅲ권 제5편 제27장 '자본주의적 생산에서 신용의 역할'에서이다. 여기에서 주식회사의 성격이나 그 역사적 의의가 서술되고 있다. 그 가운데 몇 개를 인용해 보기로 하겠다.

그 자체가 사회적 생산양식에 입각해서 모든 생산수단과 모든 노동력의 사회적 집적을 전제로 하는 자본이 여기에서는 직접적으로 사적 자본에 대립하는 사회자본(직접적으로 결합된 여러 개인들의 자본) 형태를 취하고 있으며, 이러한 자본의 기업들은 모든 사적 기업들에 대립하는 사회적 기업으로 등장한다. 이것은 자본주의적 생산양식 그 자체의 한계 내에서의, 사적 소유로서의 자본의 지양이다. (『資本論』⑩, 756~57쪽)

역시 이 인용문에 나오는 '사회자본'과 '사회적 기업'이라는 번역에 대해서는 자본론번역위원회의 역주가 달려 있다. 역주의 내용은 독일어 Gesellschaft는 '사회' '회사'라는 두 가지 의미를 가지고 있으므로 '사회자본'은 '회사자본'을, 그리고 '사회적 기업'은 '회사적 기업'을 의미하기도 한다는 취지이다.

여기에서 마르크스는 주식회사를 "사적 소유로서의 자본의 지양이다"라고 서술하고 있다. '지양'은 변증법 논리학의 용어로 aufheben의 번역어인데, aufheben은 원래 '부정하다, 보존하다, 높이다'의 뜻을 지니고 있는 단어이다. 이 단어를 헤겔이 변증법의 기본 용어로, 즉 사물이나 개념이 현재 가지고 있는 어떤 질은 부정되고 어떤 질은 보존되어 한층 더 높은 차원의 것으로 되는 것을 의미하는 용어로 사용하였다. 이 용어법의 번역어가 바로 '지양'이다. 따라서 마르크스는 주식회사를 단순한 "사적 소유로서의 자본"으로 존재하는 것이 아니라 그보다 고차원의 것으로 파악하고 있는 것이다.

사적 소유는 본래 사적인 개인의 소유라는 의미였으나, 주식회사에서는 개인의 소유라는 점은 부정되고 다수에 의한 집단적인 소유로 되고 있다. 자본주의 생산의 실질은 다수 집단에 의한 사회적인 생산이기 때문에, 소유의 개인성을 부정함으로써 생산의 이 실질에의 대응이 진행되게 된다. 그러나 주식회사는 다수의 사적인 개인에 의한 소유이기 때문에 주식회사로 되었다고 할지라도 소유의 사적인 성격은 보존된다.

다시 말해 주식회사에 의해 이른바 고차원의 '사적 소유'가 생겨났다고 파악하는 것이 중요하다. 주식회사는 자연인은 아니지만, 권리 · 의무의 주체로서의 자격을 가지고 있으며 법인으로 되어 있다. 또 오늘날 널리 볼 수 있듯이 주식회사의 주식을 여러 개인이 아니라 여러 주식회사가 소유하는, 더욱 발전된 사적 소유의 형태도 생겨나고 있다.

똑같은 취지의 내용을 서술하고 있는 마르크스의 문장을 하나 더 인용해 보기로 하자.

주식제도 내에서는 낡은 형태—여기에서는 사회적 생산수단이 개인적 소유로 나타난다—와의 대립이 확실하게 실재한다. 그러나 주식형태로의 전화 자체는 아직 전과 다름없이 자본주의적 갖가지 제한에 갇혀 있다. 그렇기 때문에 이 전화는 사회적 부(富)로서의 부의 성격과 사적 부로서의 부의 성격의 대립을 극복한 것이 아니고 이 대립을 새로운 모습으로 만들어 낸 데 불과하다. (『資本論』⑩, 762쪽)

나아가 마르크스는 『자본론』의 이 대목에서, 이 고차원의 '사적 소유'인 주식회사에 관해 중요한 지적을 적어도 두 가지는 더 하고 있다.

하나는, "주식회사에서는 기능이 자본으로부터 분리"(『資本論』⑩, 757쪽)되고 있다는 점이다. 똑같은 말이지만, "현실적으로 기능하고 있는 자본가가 타인자본의 단순한 관리인·지배인으로 전화하고 자본소유자들이 단순한 소유자·단순한 화폐자본가로 전화한다"(같은 곳)라고 말하는 점이다.

사적 개인이 자본가인 경우라 할지라도 그 자본가(A)가 타인

(B)에게 화폐를 빌려서 자본으로 이용하는 것이 가능하다. 이때 A는 B가 소유하는 화폐를 자본으로 기능하게 해서 얻은 이윤 중에서 일부를 이자로 B에게 지불하게 된다.

사적 개인이 자본가인 이 경우 역시 자본에 대한 소유(화폐자본가)와 기능(기능자본가)의 분리가 일어나고 있다. 그렇지만 이때의 소유(화폐자본가 B)는 일반적으로 기업의 외부에 있고 기업(생산수단 등)의 소유자는 기능자본가(A)이다. 이에 비해 주식회사의 경우에는 기업(회사)의 내부에서 자본소유(주주)와 기능(경영자·지배인)의 분리가 일어나고 있다.

그런데 자본소유(주주)가 경영을 포함한 생산적인 기능을 전혀 담당하지 않고 단순히 배당만을 받게 된다는 것은, 자본소유가 사회에 아무런 쓸모가 없는 기생물이 되었다는 것이다.

즉 기업(생산수단 등)의 소유자를 자본(주주)으로부터 사회('결합된 생산자')로 변화시키지 않으면 안 된다는 것이 명확하게 밝혀지고 있을 뿐 아니라, 그것이 용이하게 이루어질 수 있는 조건이 만들어져 가고 있다는 점도 존재한다. 결국 주식회사는 자본주의 생산이 사회주의 생산으로 전화하기 위한 통과점이라는 것이다.

또 하나는, 주식회사에 의한 생산이 "사적 소유의 통제가 결여되어 있는 사적 생산"(『資本論』 ⑩, 760쪽)이라는 지적이다. 이것은 기능(경영자·지배인)이 자본소유로부터 분리되었다는, 방금 설명한 내용과 밀접한 관계가 있다. 즉 자본의 소유자가 아니라 경영자·지배인 같은 비소유자가 자본을 움직이게 된다는 것은 사적 소유에 의한 통제를 없어지게 하는 것으로 이어진다.

마르크스는 신용제도(=금융제도)가 탄력성을 가지고 생산의 규모를 무리하게 극도로 확대시켜 나간다고 지적하면서 그 이유를 이렇게 서술하고 있다.

그것이 무리하게 확대되는 것은 사회적 자본의 큰 부분 하나가 이 자본의 비소유자들에 의해 사용되기 때문이다. 그렇기 때문에 이 비소유자들은, 자본의 소유자 자신이 기능을 하는 한 자신의 사적 자본의 모든 제한을 매우 소심하게 이것저것 생각해 보고 또 해보는 것과는 전혀 다른 방식으로 업무에 열중한다. (『資本論』⑩, 765쪽)

또한 주식회사에 의한 "사적 소유의 통제가 결여되어 있는 사적 생산"의 구체적인 예로서, 마르크스는 다음과 같은 현상을 들고 있다.

그것은 일정한 부문들 모두에서 독점을 창출하고 그 때문에 국가의 간섭을 불러일으킨다. 그것은 새로운 금융귀족, 즉 기획부, 신규사업부, 단순히 명목뿐인 중역의 모습을 띤 새로운 종류의 기생충 무리를 재생산한다. 다시 말해 회사의 창립, 주식발행, 주식거래와 관련된 모든 투기와 사기 체제를 재생산한다. (『資本論』⑩, 760쪽)

뿐만 아니라 이어서 『에르푸르트 강령 비판』에서, 엥겔스는 주식회사와 관련하여 "이미 사적 생산은 아니다"라고 말하고 있는데 이 점에 대해서도 몇 가지 언급해 두겠다. 엥겔스는 이렇게 쓰고 있다. (1875년 고타에서 열린 합동대회에서 독일 최초의 단일 노동자당이 탄생했으나, 이 당은 1891년 에르푸르트에서 마르크스주의에 기초한 새로운 강령을 채택하고 당명도 독일사회민주당으로 바꾸었다. 엥겔스의 『에르푸르트 강령 비판』은 이 새로운 강령초안의 불충분한 점에 대한 비판이며, 엥겔스의 비판 대부분은 2차 초안에 반영되었다.)

도대체 자본주의적 **사적** 생산이란 무엇인가? 개개의 기업가에 의한 생산 그 자체인데, 실제로 이것은 이미 점점 예외적인 것으로 되어가고 있다. **주식회사에 의한 자본주의적 생산은 이미 사적** 생산이 아니라 여러 사람의 협동계정에 의한 생산이다. (『ゴータ綱領批判, エルフルト綱領批判』, 98~99쪽)

이 부분은 독일사회민주당의 강령초안에 '자본주의적 사적 생산'이라는 용어가 있는 점을 엥겔스가 비판했던 것인데, 읽어보면 알 수 있듯이 엥겔스는 '사적 생산'을 "개개의 기업가에 의한 생산"이라는 본래의 좁은 의미로 사용하고 있다. '사적 생산'을 이와 같이 좁은 의미로 사용한다면, 주식회사에 의한 생산은 사적 생산이 아니게 된다. 언어란 살아 있는 것이기 때문에, 당시는 '사적 생산'이라고 하면 일반적으로 이같이 좁은 의미로 받아들여겼던 것으로 생각된다.

　그렇다면 자본주의적 사적 생산이라는 용어를 사용하는 것은 주식회사가 지배적인 것으로 되어가는 자본주의의 현실을 적확하게 표현하고 있지 않은 것이 된다. 엥겔스의 비판은 이와 같은 취지였다고 생각된다.

보론 1. 에도 시대의 쌀을 중심으로 한 생산과
         소비의 순환구조에 대하여

      2. 가격은 정말 수요곡선과 공급곡선의
         교차점에서 결정되는가

【보론 1】 에도 시대의 쌀을 중심으로 한 생산과 소비의
순환구조에 대하여

제1장의 질문 2에 대한 답변은 일단 했으나, 거기서 예로 든 에도(江戶) 시대의 생산과 유통 전체 구조를 좀더 검토해 보기로 하자. 그리고 그중에서 생산의 상품화 정도를 양적으로도 밝히고자 한다. 다만 여기에서 서술하는 것은 '재생산구조론'이라는 나의 전문적인 관심이 이미 있는 터라 『자본론』의 기초에서는 약간 벗어나 좀더 전문적인 것이기도 하다.

내가 이 보론을 정리한 것은, 질문에 적확하게 대답하기 위해서 에도 시대를 연구하는 과정에서 새로운 문제를 발견하고 여러 측면에서 고찰하여 이론적으로는 그것을 거의 밝혀낸 셈이 되었기 때문이다.

『쌀이 말하는 일본의 역사(米の語る日本の歷史)』(旗手勳 著, そしえて文庫, 1976)를 보면 다음과 같은 서술이 나온다.

에도 시대에 막부(幕府)나 번(藩)이 농민들로부터 거둬들인 공납미는 약 1,200만 섬(현미 1석은 약 150kg)이라고 알려져 있는데, 그 대부분은 오사카(大坂)나 에도의 구라야시키(藏屋敷)[1]로 들어갔다가 그곳에서 상인들에게 팔려 막부나 번의

---

1) 에도 시대에 영주가 에도와 오사카에 설치한 창고 딸린 저택. 이곳에 영내의 쌀·생산물 등을 저장했다가 그것을 화폐로 바꿨음—옮긴이.

재정을 지탱해 주고 있었다. 그리고 공납미는 구라야시키에
서 미곡도매상 – 중개인 – 중간도매상 – 소매상의 손을 거쳐
죠카마치(城下町)[2]의 쵸닌(町人)[3]의 식량으로 되었다. 또한
에도에 사는 하급무사나 교대근무를 하는 무사들에게는 녹권
(祿券)이나 쌀표[米札]로 배급하고 후다사시(札差)[4]가 이것
을 현금으로 바꿔주었다. 이에 따라 에도 시대가 막을 내릴
무렵에는 에도에 들어온 쌀이 약 210만 석에 이르렀다고 한
다. 이 밖에 지주들이 공납미로 납부하고 남은 소작미가 약
250만 석, 자작농 등의 농민이 판매한 쌀이 약 150만 석 정도
였으며, 각 지방에 거주하는 미곡상들이 매매를 담당하고 있
었다. (같은 책, 146쪽)

1) 에도 시대 인구와 쌀 생산액

앞의 서술을 토대로 해서 아주 개략적으로나마 한번 계산을 해
보자. 당시 인구는 약 3천만 명이고 인구 1인당 연평균 쌀 1석
이 필요하므로, 당시의 식량농산물의 생산량은 쌀 3천만 석(보
리 등의 쌀 이외의 작물도 쌀로 환산함) 정도가 될 것이다. 이
가운데 약 65%가 쌀이라고 알려져 있으니, 쌀 생산량은 약 2천
만 석이다. 메이지 10년(1877)의 쌀 생산량이 약 2,500만 석이

---

2) 성을 중심으로 발달한 도시를 일컬음―옮긴이.
3) 도시에 사는 상인·장색 계급―옮긴이.
4) 에도 시대에 무사·하급무사의 대리로서 녹미 수령을 청부맡거나 돈놀이 따
　위를 업으로 하던 사람―옮긴이.

었으니까, 그런대로 타당성 있는 수치이다. 그러면 이 수치들을 출발점으로 해서 고찰해 보기로 하자.

우선 앞의 인용문에는 공납미가 1,200만 석으로 되어 있는데 3천만 석을 기초로 징수되었다고 하면 공납률(생산물에서 공납이 차지하는 비율)은 40%이다. 4공6민이다.

이 공납미 1,200만 석 가운데 무사계급(인구의 7%)이 직접 소비하는 양은, 역시 1인당 평균 1석이라고 보면 210만 석이다. 그 나머지 990만 석은 거의 대부분 팔려나가는 게 된다. 이에 상응하는 생산물이 마련되어야 하며, 무사계급의 경우 쌀 이외의 필요한 생산물은 구입해야 한다.

예를 들어 의복·주거지·부식 따위를 상기하면 될 것이다. 이런 것들은 수공업자의 생산물이지만 그 원료는 농민 등의 생산물이다. 또 이들의 가격에는 매매를 중개하는 상인의 몫도 포함되어 있다. 그와 같은 생산물을 990만 석에 상당하는 양만큼 상공업자(인구의 6%)가 준비하고 쌀 990만 석을 사들인다고 하면, 그중 상공업자가 직접 소비하는 양은 역시 1인당 평균 1석이라고 보면 180만 석이니까 나머지는 810만 석이다(물론 무사와 농민 등 간의 직접거래도 있을 수 있으나 여기서는 모두 상공업자를 거쳐서 이루어지는 것으로 단순화해서 고찰한다).

그러면 이 쌀 810만 석은 오직 농민들이 필요로 하는 소비량이다. 그렇지만 농민 등에게는 이것을 살 수 있는 밑천(생산물)이 있는 것일까. 농민 등이 생산하는 식량생산물은 3천만 석이고 그중 2천만 석이 쌀이었다. 그리고 이 2천만 석 가운데 1,200

만 석을 공납으로 거두어갔으므로, 남아 있는 것은 쌀 800만 석과 '쌀 이외의 식량농산물'이 1천만 석으로 합계 1,800만 석이다. 그러나 이것을 밑천으로 삼는 것은 불가능하다.

왜냐하면 농민 등의 인구를 87%라고 하고 농민도 1인당 평균 필요 소비량이 1석이라 하면 2,160만(3천만×0.87) 석의 식량농산물이 필요한데, 남은 식량농산물 1,800만 석을 모두 농민이 직접 소비한다고 하더라도 식량농산물이 810만(2,610만－1,800만) 석 부족하기 때문이다.

더욱이 제1장의 질문 2의 답변에서는 전체 인구의 84%를 농민으로 잡은 수치를 제시했는데, 그렇게 되면 3%가 불분명하므로 이것까지 포함해서 '농민 등'으로 해서 87%라고 하였다. 농민 '등'이라고 한 또 한 가지 이유는, 아래에서 설명하듯이 농산물 이외의 생산 역시 이 계급이 담당했기 때문이다.

2) 공납미를 매입하는 밑천으로서의 '식량농산물 이외의 생산물'

무사 쪽은 쌀이 810만 석이 남고 농민 등의 쪽은 식량농산물이 810만 석 부족한데도 불구하고, 농민 등으로서는 무사가 소유하고 있는 쌀 810만 석을 살 수 있는 밑천이 이 상태에서는 전혀 없는 것으로 된다. 따라서 이 문제를 해결하기 위해서는 '식량농산물 이외의 생산물'이 당연히 농민 등에 의해 생산되고 있었다는 사실을 고려하지 않으면 안 된다. '식량농산물 이외의 생산물'이란 예를 들어 면·채종(茉種)·목재·어업생산물 같은 것을 가리키지만, 토목공사(노동의 제공을 포함함)의 비중 또한 클지도 모른다.

　농민 등이 '식량농산물 이외의 생산물'을 810만 석에 상당하는 양만큼 생산하고 있다고 가정한다면, 이 문제는 이제까지의 조건을 폐기하지 않고도 해결된다. 이런 유의 생산물을 팔아서 쌀 810만 석을 사들인다면 2,610만 석에 해당하는 식량농산물(쌀 1,610만 석과 쌀 이외의 식량농산물 1천만 석)이 확보되기 때문이다. 이 경우에는 농민 등의 생산량이 3,810만 석에 상당하는 양이 되기 때문에, 이것을 토대로 1,200만 석의 쌀이 공납으로 징수되었다고 하면 공납률은 31%로, 앞에서 말한 수치보다 적어지게 된다.

　'식량농산물 이외의 생산물'의 생산량을 직접적으로 보여주는 자료를 조사한 것은 아닌지라 정확하다고 말할 수는 없지만, 만약 이 생산량이 810만 석보다 낮을 경우에는 농민 등이 쌀 810만 석을 전량 구입하려면 농민은 '쌀 이외의 식량농산물'을 팔지 않으면 안 된다.

　만약에 이 생산량이 810만 석보다 260만 석(완전히 가정 수치이다)이 적은 550만 석이라고 가정한다면, 농민 등은 이 260만 석에 해당하는 양만큼의 '쌀 이외의 식량농산물'을 팔아서 쌀 260만 석을 사들여야 하는 것이 된다. 이때 농민 등이 확보하는 식량농산물은 2,610만 석보다 260만 석이 적은 2,350만 석(쌀 1,610만 석과 '쌀 이외의 식량농산물' 740만 석)이 되며, 이렇게 되면 농민 등 1인당 식량농산물의 소비량은 쌀로 환산해서 평균 0.9석으로 낮아진다는 계산이 나온다. 즉 이 같은 가정

아래서는 농민 등의 생활은 무사 등보다도 낮은 수준이라는 것
이다.

　또한 이렇게 가정할 때는 농민 등의 생산량이 3,550만 석이므
로 공납률은 34% 정도가 된다.

3) '쌀을 중심으로 한 생산과 소비의 순환구조'와 상품생산의 비율

에도 시대의 쌀을 중심으로 한 생산과 소비의 순환구조는 대략
적으로 살펴보면 이상과 같이 묘사할 수 있다. 바로 앞에서 설
명한 가정 수치('쌀 이외의 식량농산물'의 생산량 550만 석)를
토대로 해서 그림으로 나타내면 아래와 같다. 재생산구조론 관
점에서 이 그림을 보면 여러 가지 불충분한 점(축적분이나 농
민·무사 등의 상품거래가 빠져 있는 점, 쌀이 현물 식량인 동

에도 시대의 쌀을 축으로 한 생산과 소비의 순환구조

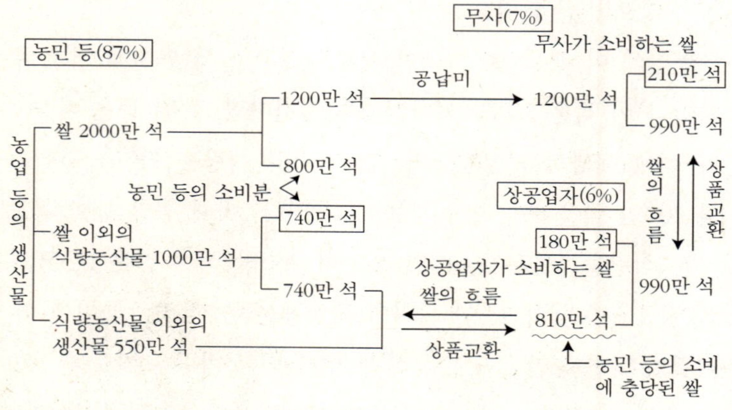

*인구는 약 3000만 명

시에 가치의 단위〔이른바 화폐〕로서 이중으로 취급되고 있다는 점 등)이 있지만, 일단 합리성을 가지고 있는 것으로 볼 수 있다. 물론 수치는 가정 수치를 포함한 대략적인 것이다.

이 그림에서 유의할 점 한 가지를 설명해 두겠다. 앞에서 인용한 문장에서 저자는 공납미를 1,200만 석이라고 설정하고 있으나 이 가운데 일정 부분은 화폐로 납부되었을지도 모른다. 『역사를 보는 법(歷史の見方考え方)』(板倉聖宣 著, 假說社, 1986)에 따르면, 1838년의 막부 영지〔天領〕의 평균 공납률은 37%, 쌀로 환산해서 155만 석이었으나 "이 해의 공납 155만 석(냥) 가운데 공납미는 69만 석이고 공납금은 86만 석이다. 즉 쌀로 납부된 공납은 44%라는 것"(같은 책, 64쪽)이다.

그렇다면 이제까지 1,200만 석 전량이 쌀로 납부되었던 것으로 생각해 왔기 때문에 이 점에 관해서는 앞의 그림을 수정해야겠지만, 그렇다고 구조 전체가 바뀌는 것은 아니다. 앞의 그림의 '쌀의 흐름'의 전체량 중 일정 부분(화폐납입분)이 화폐로 대체되고 그만큼의 화폐는 농민이 자신의 생산물을 상공업자에게 판매함으로써 획득되는 것으로 하면 된다.

에도 시대의 전체적인 생산과 유통 구조가 그림에 의해 밝혀졌으므로, 이번에는 가정을 포함해서 이 그림에 표현되고 있는 것에 한해서, 전체 생산에서 차지하는 상품생산 비율을 구해 보기로 하자. 농민 등의 농업생산물이 3,550만 석이다. 상공업자의 생산물은 990만 석이지만, 이 가운데 810만 석은 농민 등의 생산물을 구입한 것이므로 상공업자가 순수하게 생산했던 분량은 180만 석이다. 이만큼이 생산에 해당하는 것이기 때문에 전체적으로는 3,730만(3,550만＋180만) 석이다.

이 가운데 상품생산을 파악해 보면, 농민 등의 생산량은 쌀 이외의 식량농산물 중 260만 석과 식량농산물 이외의 생산물 550만 석이다. 여기에다 상공업자의 생산량 180만 석을 더해야 하므로 전체 상품생산량은 990만 석이 된다. 따라서 전체 생산에서 상품생산이 차지하는 비율은 3,730만 석 중 990만 석이니까 약 27%가 된다.

4) 왜 이 문제에 관심을 가지는가

그런데 에도 시대에 쌀을 중심으로 해서 생산과 소비의 순환을 고찰해 보기로 마음먹은 것은 앞에서도 인용한 『역사를 보는 법』을 읽었기 때문이다.

에도 시대의 농민이 평균적으로 가장 많이 섭취한 곡물은 '조와 피 같은 잡곡'이라고 생각하고 있는 사람이나 그렇다고 쓰고 있는 책이 많지만, 사실은 그렇지 않고 쌀이었음을 이 책은 매우 흥미 깊게 논증하고 있다. 에도 시대에 생산된 식량농산물의 절반 이상이 쌀이었다. 무사나 도시의 상인계급(町人)은 인구의 10%를 약간 넘을 뿐이고 1인당 쌀 소비량은 1석 정도로 한정되어 있었기 때문에, 이들 무사와 상인계급 전체의 쌀 소비량은 생산된 쌀의 일부분에 불과했다. 다시 말해 남은 쌀은 당연히 농민이 소비했다는 것이 이 책 전반부(前半部) 논리의 흐름이다. 또 이 점을 사료를 가지고 실증하고 있다.

이 논리는 설득력이 있지만, 한 가지 중요하다고 생각되는 의문이 남았다. 다름아니라 농민이 많은 양의 공납미를 징발당하고 있었다는 사실과 농민이 쌀을 먹었다는 사실의 모순을 어떻게 생각할 것인가 하는 점이다. 이 책에서는 농민이 공납으로 징발당한 쌀을 다시 사들이든가 아니면 공납의 상당 부분을 화폐로 납부함으로써 농민들에게 쌀이 남아 있게 되었다고 논하고 있다. 그리고 앞에서 인용한 막부의 영지에서는 공납 가운데 쌀로 납부된 비율이 낮았다는 사료를 제시하면서 "에도 시대 공납미의 수수께끼는 거의 완전히 밝혀낼 수 있었다고 생각하는데 어떻게 생각하는가" 하고 쓰고 있다.

그렇지만 이 책 저자의 분석에서는 공납미를 다시 사들이기 위한 화폐를 농민들이 어떻게 조달할 수 있었는가 하는 중심 문제가 여전히 해명되지 않고 있다. 농민에게 남아 있는 것은 공납미를 거둬들인 뒤의 농산물밖에 없기 때문에, 쌀을 다시 사들이기 위한 화폐를 조달하기 위해서는 남아 있는 농산물을 판매하는 방법 외에는 없다.

더구나 쌀을 팔아서 쌀을 사들인다 할지라도 마찬가지이므로, 쌀 이외의 농산물을 판매하는 것이 된다. 결국 공납미의 대부분을 다시 살 수 있는 만큼의 쌀 이외의 농산물이 생산되어야 한다는 것이다. 그러나 쌀 이외의 농산물(식량농산물)은 그 정도로 많지도 않거니와, 설사 그렇다고 해도 그것만으로는 이 문제가 해결되지 않는다.

또 공납미의 상당 부분을 화폐로 납부하는 경우에도 농민은 그 화폐를 자신이 생산한 농산물을 팔아서 얻는 것이기 때문에, 그 농산물이 쌀인 경우에는 농민 쪽에 쌀은 남아 있지 않다. 따라서 쌀 이외의 농산물을 팔지 않으면 안되기 때문에 이 경우 역시 공납미를 다시 사들이는 경우와 문제는 똑같아지게 된다.

이러한 문제를 해결하기 위해서는 쌀을 중심으로 생산과 소비의 전체적인 순환구조를 밝혀내는 방법밖에 없다고 생각했다. 그리고 이미 설명했듯이 농민이 생산하는 쌀 이외의 생산물로서 '식량농산물 이외의 생산물'을 고려함으로써 이 문제의 이론적인 측면을 해결했다.

5) 급여에서의 쌀의 비율 및 비공납미의 상품화 정도

그리고 마지막으로, 처음에 인용한 『쌀이 말하는 일본의 역사』의 문장으로 돌아가 그와 관련해서 두 가지만 더 덧붙이기로 하겠다. 이 책의 저자는 하급무사 등의 급여는 '녹권이나 쌀표'로 지급되었다고 쓰고 있으나, 『하타모토[5]의 경제학(旗本の經濟學)』(小松重男 著, 新潮社, 1991)에는 다음과 같이 씌어 있다.

에도 막부는 막부 신하들의 녹봉을 봄(2월)에 1/4, 여름(5월)에 1/4, 겨울(10월)에 나머지 2/4 등 세 차례로 나누어서 지급했으며, 봄과 여름에 지급하는 녹봉을 '어차미(御借米)',

---

5) 하타모토(旗本)란 에도 시대에 대장이 있는 본진(本陣)의 무사를 말함 — 옮긴이.

244

겨울에 지급하는 녹봉을 '어절미(御切米)'라고 부르고 실제
로는 쌀 시세에 연동한 '벽보[御張紙] 시세'로 환산한 금액을
통화로 지급했다. (같은 책, 160쪽)

　　대부분의 경우 봄과 여름의 어절미는 현물로 받았으며, 가
족들 식량으로 쓰는 쌀 가운데 나머지를 후다사시(札差)에게
팔아서 현금을 마련했다. (같은 책, 181쪽)

이상과 같이 급여의 절반 가량은 쌀로 받았던 것 같다.
　또 한 가지는, 『쌀이 말하는 일본의 역사』의 저자는 지주의
쌀 250만 석, 자작농의 쌀 150만 석 정도가 그 지방의 미곡상들
에 의해 매매되고 있었다고 쓰고 있다. 이것은 당시 2천만 석의
쌀 생산 중 어느 정도가 상품화되었는지를 나타내주고 있다. 지
주와 자작농의 쌀 생산량은 전체 쌀 생산량의 1/5이다. 하지만
지주의 쌀을 생산하는 것은 소작농이기 때문에 이 지주의 생산
량은 상품생산이라고 말할 수 없으므로, 자작농의 생산량만 놓
고 보면 7.5%가 상품화되었다고 볼 수 있다. 공납미 이외의 쌀
의 상품화에 관해서는 앞의 그림에 나타나 있지는 않지만 참고
가 될 것이라고 생각한다.

【보론 2】 가격은 정말 수요곡선과 공급곡선의
교차점에서 결정되는가

상품의 가격 크기를 무엇이 어떻게 결정하는가 하는 문제는 경제학의 근본 문제이다. 그리고 이에 대해 『자본론』은 어떻게 대답하고 있는지에 관해서는 제2장에서 설명하였다. 거기에서도 언급한 바와 같이, 근대경제학(미시경제학)에서는 상품의 수요량과 공급량을 가격의 함수로 파악해서 수요곡선과 공급곡선을 도출해 내고 두 곡선의 교차점(균형점)에서 가격이 결정된다고 말하고 있다. 이것을 도표로 나타내면 〈그림 1〉과 같다.

이 수요·공급곡선 설은 가격에 대해 아주 잘 설명하고 있는 것처럼 여겨져서, 또 고등학교의 정치·경제 과목에서 가르치

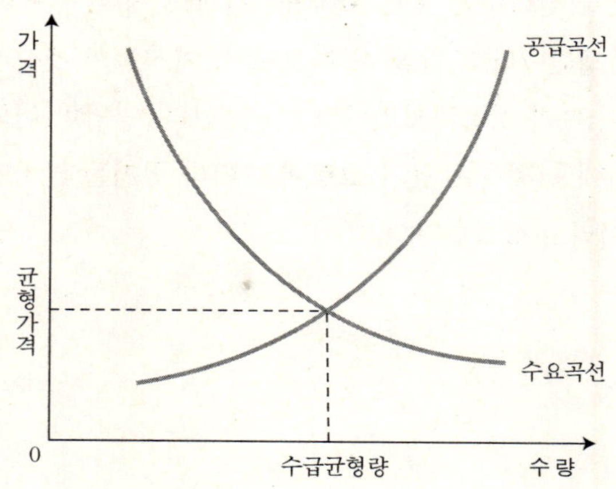

〈그림 1〉 수요곡선과 공급곡선

고 있기도 해서, 일반적으로 상당히 널리 알려져 있는 접근방식이다. 마르크스 경제학자들 중에서도 이 설의 접근방식을 그대로 받아들이는 사람이 있을 정도이다.

그러나 결론을 먼저 말하면, 이 설은 경제현실과는 전혀 다른 가정 위에 세워진 모델에 지나지 않을 뿐 아니라 이 설로는 현실의 가격을 설명할 수가 없다. 여기에서는 왜 이렇게 말할 수 있는지를 『자본론』의 파악방식과도 대비하면서 설명하기로 하겠다.

더구나 수요·공급곡선 설에 정면으로 맞서는 비판은 그다지 이루어지지 않고 있다고 할 수 있는데, 내가 아는 한 『제국주의의 새로운 전개(帝國主義の新しい展開)』가 유일한 비판이다. 여기서 저자는 수요곡선이 오른쪽으로 내려가고 공급곡선이 오른쪽으로 올라간다는 것은 일반적으로 성립하지 않음을 밝히면서, 아울러 수요·공급곡선 설을 비판하는 것의 중요성에 대해서 지적하고 있다(工藤晃 著, 『帝國主義の新しい展開』, 新日本出版社, 1988, 218～21쪽).

1) 수요량과 공급량은 과연 가격의 함수인가

이 설의 대전제는 수요량과 공급량이 가격의 함수로 파악되고 있는 점이다. 〈그림 1〉의 수요곡선 그래프는 수요량이 가격의 함수라는 점, 즉 일정한 가격에 대응해서 일정한 수요량이 결정된다는 것을 나타내고 있다. 이 곡선이 오른쪽으로 내려가고 있는 것은 가격이 높아짐에 따라 수요량이 낮아진다는 관계를 표현하고 있는 것이다. 공급곡선도 마찬가지이다.

더욱이 수학에서는 함수를 그래프로 표시할 때 가로축에 독립변수(X)를 놓고 세로축에 종속변수(Y)를 놓는데, 〈그림 1〉에서는 세로축의 가격이 독립변수이고 가로축의 수요량·공급량이 종속변수로 되어 있다. 일반적으로 수요·공급곡선의 그래프는 이렇게 그리므로 주의하기 바란다.

그러나 수요량과 공급량이 가격의 함수로 파악된다는, 이 대전제가 성립하는지 여부는 매우 의문이 아닐 수 없다. 『자본론』도 수요공급 관계를 동인(動因)으로 해서 가격이 결정된다고 파악하고 있다. 그러나 수요량과 공급량이 가격의 함수라는 식의 특수한 전제를 설정하고 있는 것은 결코 아니다.

제2장의 제3절 '수급관계에 따른 가격의 변동과 가치(생산비)'에서 설명했듯이, 여기서 전제되고 있는 것은 수요가 공급을 초과할 때는 가격이 상승하고 반대로 수요가 공급보다 낮을 때는 가격이 떨어진다는 당연한 명제이다.

덧붙여서, 생산자는 가격이 생산비(평균이윤을 포함하는 광의의 생산비＝가치)보다 높을 경우에는 공급을 늘리고 거꾸로 가격이 생산비보다 낮을 경우에는 공급을 줄인다는, 이 또한 당연한 명제이다.

2) 수요곡선은 성립하는가

그렇다면 수요량·공급량이 가격의 함수라는, 이 설의 대전제가 성립하는지 여부를 다시 한 번 따져보기로 하자. 우선 수요곡선에 대해서이다.

상품의 수요곡선은 무엇에 의해 결정되는 것일까. 맥주를 예로 들어서 그 수요량이 어떤 조건에 의해 결정되는지를 생각해 보기로 하자. 아주 일반적으로 생각하면, 맥주의 수요량은 인구와 인구 1인당 맥주수요를 곱해서 구할 수 있다. 여기서 후자인 인구 1인당 맥주수요는 전체 인구 중 맥주를 마시는 인구(맥주인구)의 비율과 맥주인구 1인당의 맥주수요를 가지고 계산할 수 있다. 이것이 맥주수요의 기본일 것이다.

그러나 맥주인구와 맥주인구 1인당 맥주수요는 여러 가지 조건에 의해 변동한다. 생각나는 대로 열거해 보면, 판매점이나 자동판매기 등의 정비상황, 상품개발의 영향(병맥주·캔맥주·드라이맥주 등), 광고의 영향, 소비자의 소득상황(경기의 영향), 기후(여름의 더위 등)의 영향, 다른 주류나 식료와의 경합, 소비자의 기호 변화, 맥주가격의 영향 등이 있을 것이다.

그러므로 맥주의 가격은 맥주수요를 변동시키는 여러 조건 가운데 한 가지 조건에 불과하다. 더구나 수요변동의 주요한 조건이라고는 반드시 말할 수 없을 것이다.

맥주에 대한 수요곡선이 성립한다는 것은 맥주의 수요량이 하나의 조건에 불과한 맥주가격에 의해 결정된다는 주장이기 때문에, 확실히 무리가 있다. 이 무리를 극복하기 위한 근대경제학의 장치가 다름아니라 "가격 이외의, 수요에 영향을 미치는 모든 조건을 일정한 것으로 한다"는 설정이다. 이와 같은 설정을 해놓고 수요곡선을 성립시킨 다음에, 가격 이외의 수요에 영

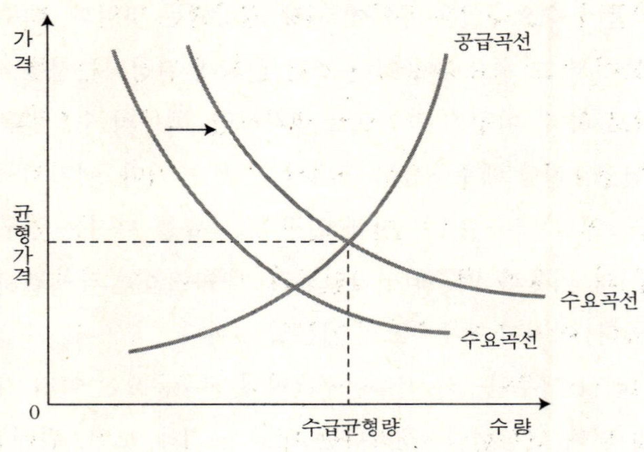

향을 미치는 여러 조건이 변화할 경우에는 〈그림 2〉와 같이 수요곡선이 이동(shift)한다는 파악방식을 가지고 설득력을 주장하려고 하는 것이다.

그러나 이렇게 수요곡선이 이동한다는 파악방식의 전제에는, 가격은 항상 변동하지만 가격 이외의 모든 조건은 고정되어 있으며 가끔 변화하는 것이라는 암묵적인 양해가 있다. 그렇기 때문에 조건이 변화했을 때 수요곡선을 이동시키면 무방한 것이 된다.

그러나 앞의 맥주수요 예에서 보았듯이 수요에 영향을 미치는 조건은 상당히 여러 가지가 있으며 더구나 그 각각의 조건이 항상 크게 변화하고 있다.

그렇다면 수요곡선의 이동 역시 항상 발생하는 것으로 파악하는 쪽이 오히려 자연스럽다. 이렇게 되면 수요곡선은 현실적으로는 정해져 있지 않은 것이 된다. 다시 말해 수요곡선은 일반적으로는 성립하지 않는다는 의미이다. 역으로 말하면 가격 이외의, 수요에 영향을 미치는 여러 조건이 일정하다는 특수한 경우에 한해서만 수요곡선이 성립한다는 것이다.

현실에서는 수요곡선이 일반적으로 성립하지 않는다고 한다면, 수요곡선을 사용한 가격론 역시 일반적으로는 성립하지 않는 게 된다.

가격은 상품 수요량의 변동요인이지만 반드시 주요한 요인은 아니라고 설명했는데, 이 점 또한 중요하다. 예를 들어 어떤 책이 얼마나 팔릴 것인가 하는 것은, 그 책이 얼마나 재미있는가 혹은 얼마나 광고를 하는가 등에 의해 결정되지 가격은 부차적인 조건임은 명백하다. 시시한 책은 아무리 가격을 싸게 해도 팔리지 않는다.

이렇게 설명하면 "동일한 책의 가격변화가 수요에 미치는 영향을 알고 싶은 것이기 때문에 다른 책의 수요를 비교하는 것은 의미가 없다"는 반론이 제기될 것 같은데, 상품이 동일한 것인가 다른 것인가는 원래 상대적이다. 예를 들어 똑같은 전기냉장고라 하더라도, 각각의 제조회사마다 판매촉진의 일환으로 제품 차별화를 꾀하고 있는 터라 상당한 차이가 난다. 이 경우, 제품에 차이가 있는 것은 모두 다른 상품이라고 볼 수도 있겠지만 전기냉장고를 동일 상품으로 보고 그 '제품의 차이'를 수요를 변화시키는 요인으로 파악할 수도 있다. 마찬가지로, 예컨대 문고본 추리소설 시리즈를 동일 상품으로 간주하고 일련의 책내용의 차이를 수요요인으로 파악하는 것 역시 가능하다.

상품의 수요량을 변화시키는 요인으로서 가격이 부차적인 요인일 때 수요곡선의 성립을 주장하는 것은 현실적이지 않다.

예를 들어 어린아이의 키는 나이·영양상태·인종 등에 의해 결정되지만, 그중에서도 주요한 결정요인은 아마 나이일 것이다. 이때 영양상태나 인종이 동일하다면, 어린아이의 키는 나이와 함수관계라는 주장은 실제적일 것이다. 하지만 나이나 인종이 동일하다면, 어린아이의 키는 영양상태에 의해 결정된다는 주장은 전혀 무의미한 것은 아니라 할지라도 실제적이지는 않다.

이 점에 비추어보더라도, 수요곡선이 일반적으로 성립한다고는 말할 수 없다고 생각된다.

일반적으로 수요량이 가격의 함수라고는 말할 수 없다고 설명했으나, 이렇게 말했다고 해서 상품의 수요자에게 있어서 가격(가치)이 지니는 특별한 중요성을 부정하는 것은 결코 아니다. 어떤 상품을 갖고 싶어하는 사람이 그 상품의 취득과 교환에서 가격에 해당하는 금액을 건네주어도 괜찮다고 결단함으로써 비로소 그 상품은 구매된다(수요된다). 결국 구매를 결단하는 기준이 되는 것은 가격이다.

상품(의 사용가치)을 손에 넣는 것과 자신의 소득(혹은 자산) 중에서 가격에 해당하는 만큼의 금액이 없어지는 것이 천칭 양쪽에 달려 있는 셈이다. 그러므로 가격이 일정 정도 하락하면 수요량이 급증하는 일도 일어난다. 경우에 따라서는 가격이 수요량의 부차적인 요인이 아니라 결정적인 요인이 되기도 한다.

예를 들어 닌텐도(任天堂)의 '패밀리 컴퓨터(family computer, 텔레비전 게임기)'[6]가 대성공을 거두었던 것은 가격을 1만 엔 이하로 낮게 책정하고 제품과 생산체제를 설계했기 때문인 것으로 알려져 있다.

이 점과 관련해서 수요곡선에 관해 또 한 가지 설명해 보겠다. 〈그림 1〉과 같이 수요곡선은 오른쪽으로 내려가는 반듯한 곡선으로 그려지고 있으나, 가격 이외의 다른 조건이 일정하다는 것이 설령 성립한다고 할지라도 이 같은 반듯한 곡선이 된다는 보장은 전혀 없다. 오히려 일정 가격으로 내려가면 갑자기 수요가 급증하는, 즉 불연속적으로 되는 경우도 충분히 상정할 수 있는 것이다. 예를 들어 물의 부피는 온도와 함수관계를 이루지만 $0°C$와 $100°C$에서는 불연속적으로 된다. 이와 같은 불연속적인 점 역시 있을 수 있는 것이다.

이상에서 서술한 바와 같이, 모든 상품의 경우 그 수요가 가격에 의해 결정되고 수요곡선이 그려진다는 것은 현실과 동떨어진 머릿속의 이야기에 불과하다. 그 증거로, 맥주나 전기냉장고 같은 개개 상품의 수요곡선을 구체적으로 추산한 예는 거의 없다는 점을 들 수 있다.

---

6) 쇼와 57년(1982)에 닌텐도가 판매한 저가의 텔레비전 전용 컴퓨터. 1985년 12월 현재 판매대수가 550만 대로 초·중학생 세 명에 한 명꼴로 가지고 있는 셈이다 — 옮긴이.

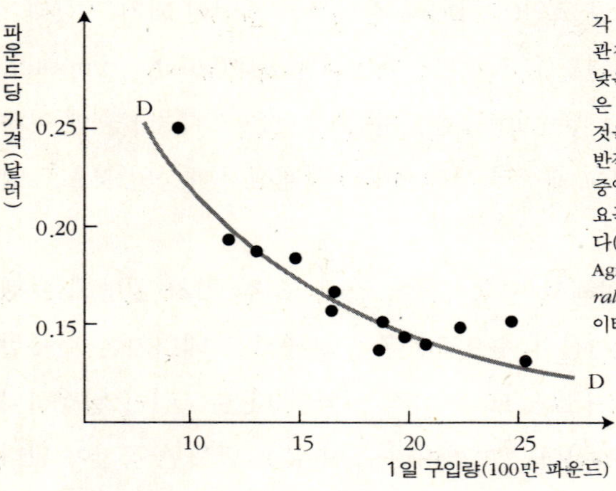

＊『スーツ經濟學原理(下)』, 6쪽.

그런데 최근 『슈트경제학원리(スーツ經濟學原理)』(ダニエル・B・スーツ著, 內田忠夫 譯, 學習硏究社, 1979)에 몇 가지 구체적인 추산 예와 '수요곡선의 추정' 방법이 실려 있는 것을 알았다. 그러나 여기서 들고 있는 예(〈그림 3~6〉)는 수요곡선이 일반적으로는 성립하지 않는다는 것을 오히려 보여주고 있다.

〈그림 3〉은 닭고기 예인데, 이 경우는 수요곡선이 성립하고 있다고 해도 무방할 것이다. 〈그림 4〉는 감자, 〈그림 5〉는 가정용 천연가스, 〈그림 6〉은 사과를 예로 들고 있다. 이들의 경우는 수요곡선의 이동을 가지고 설명하고 있으나, 감자의 예는 어찌 되었든 천연가스의 경우는 완전히 억지 설명이 아닐 수 없다. 이미 설명했듯이, 가격 이외의 요인이 수요를 크게 변동시키고

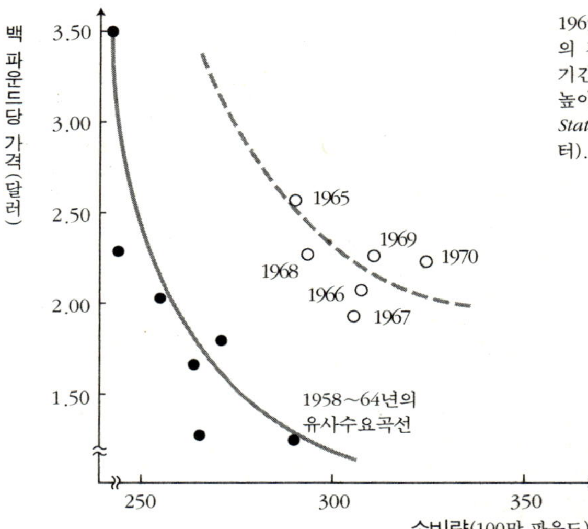

〈그림 4〉 감자의 수요이동

1965~70의 6년간 미국의 감자 수요는 그전의 기간보다도 약 30%가 높아졌다(*Agricultural Statistics*의 해당호 데이터).

* 같은 책, 26쪽.

〈그림 5〉 가정용 천연가스의 수요증가

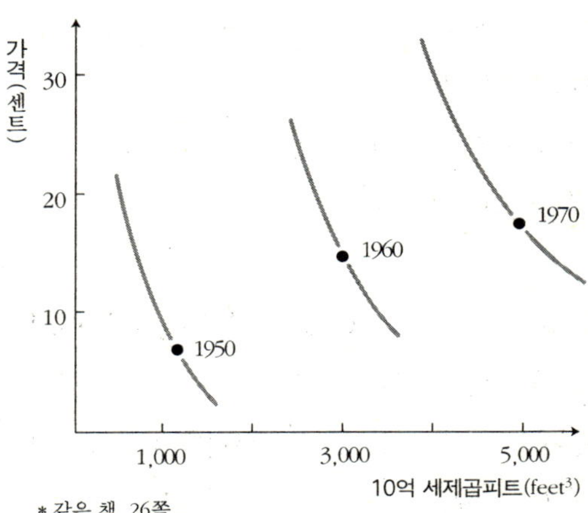

가격과 수량의 실측치는 수요이동과 수요의 탄력성 등이 주로 결합된 결과이다. 수요가 급증하면 구매자는 보다 높은 가격에서도 구매량을 줄이지 않고 오히려 늘리는 것이 관찰된다(*Statistical Abstract of the United States*, 1970의 데이터).

* 같은 책, 26쪽.

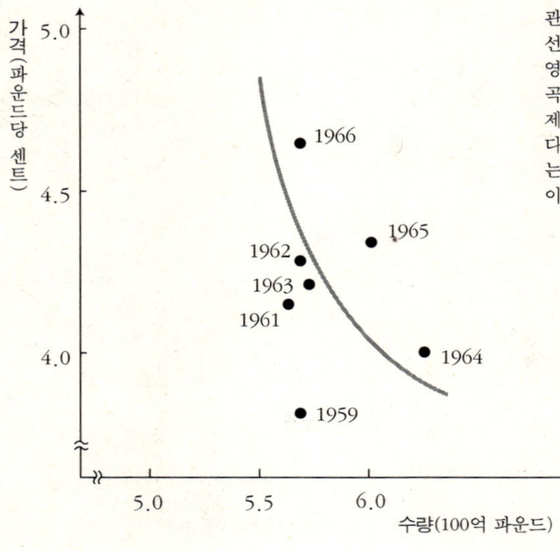

* 같은 책, 34쪽.

있기 때문에 수요곡선은 확정할 수 없고 따라서 수요곡선은 성립하지 않는다고 보아야 할 것이다.

사과의 예 역시 수요곡선이 성립한다고 볼 수 없지만, 이 책의 저자는 이것을 예로 들어서 '수요곡선의 추정' 방법을 설명하고 있다. 그 원리는 해마다 소득이 상승하기 때문에 그것이 실제 수요를 수요곡선에서 이동시켰다고 가정하고, 소득변화가 없는 경우의 수요곡선을 추정한다는 것이다.

그러나 수요를 변동시킨 것이 정말로 소득인지 여부는 밝혀지지 않고 있을 뿐더러, 설령 그 가정이 옳다고 할지라도 현실

256

적으로는 해마다 소득이 변동하고 있기 때문에 수요곡선을 성립시키는 현실적인 조건은 없다고 보아야 할 것이다.

3) 공급곡선은 성립하는가

다음으로, 공급곡선에 대해서이다. 공급량은 가격이 올라감에 따라 증가한다는 것이 공급곡선이며, 〈그림 1〉과 같이 오른쪽으로 올라가는 곡선으로 그려진다. 그렇다면 가격이 올라감에 따라 공급량이 증가하게 되는 이유는 무엇일까.

그것은 농장이나 공장에서 생산량을 제로(0)에서부터 점점 증가시켜 갈 때, 1개(단위량)를 증가(추가) 생산하는 데 드는 비용(한계비용이라고 부른다)이 처음에는 감소하다가 일정량을 초과하면 증가로 바뀌고 그후로는 증가추세를 보인다는 명제가 성립한다고 간주하기 때문이다.

왜냐하면 이 명제('한계비용의 체증遞增' 명제)가 성립하면 다음과 같이 설명할 수 있기 때문이다(그리고 지금부터의 설명에서는 '한계비용'이라는 용어를 사용하는데, 여기서의 한계는 영어의 limit〔제한〕의 번역어가 아니고 margin〔테두리·가장자리〕의 형용사형 marginal의 번역어이다. 이해하기 어려운 경우에는 '단위추가비용'이라고 바꾸어서 이해해 주기 바란다).

가격이 주어져 있을 때 한계비용이 그 가격을 밑돌고 있는 동안에는 1개를 더 생산함으로써 그 가격만큼의 수입을 얻을 수 있고 한계비용만큼이 지출되기 때문에, 이윤을 얻을 수 있다. 또한 생산량을 늘리면 한계비용은 점점 높아진다는 명제가 성립하고

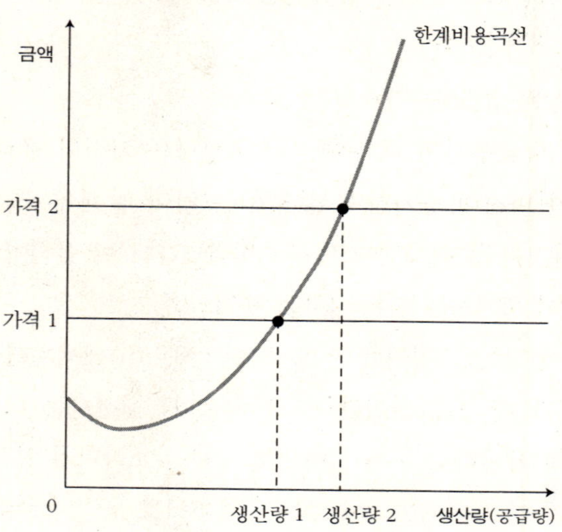

있기 때문에, 생산량을 증가시키면 한계비용이 가격과 일치하는 지점까지는 증가된 1개마다 이윤을 얻을 수 있지만, 그것을 넘어서서 생산을 증가하면 한계비용이 가격을 뛰어넘기 때문에 증가분 1개마다 손해가 나게 된다. 즉 한계비용을 가격에 일치시키는 생산량이 생산자의 이윤을 최대화한다는 것이다.

무슨 말인가 하면 만약 주어진 가격이 상승하면 이윤을 최대로 해주는, 지금까지의 생산량에 상응하는 한계비용보다 가격이 높아지게 되므로 상승한 가격에 한계비용이 일치하는 지점까지 생산량을 더 확대시켜 이윤을 더욱더 늘릴 수 있게 된다는 것이다. 생산량(=공급량)이 가격의 상승에 따라 증가한다는 것을 이렇게 설명하고 있다(〈그림 7〉 참조).

그런데 이 '한계비용 체증' 명제는, 표현은 다르지만 익히 알려져 있는 '수확체감(遞減)의 법칙'과 똑같은 명제이다. 같은 규모의 경작지에서 곡물을 생산할 때, 노동이나 비료를 투입해도 그에 비례해서 수확은 증가하는 것이 아니라 수확의 증가율이 감소하다가 마침내 증가하지 않게 되는 것이 일반적이라고 생각한다. 이것이 '수확체감의 법칙'이다. 그런데 이 법칙이 성립할 경우 수확량이 증가함에 따라 증가분에 들어가는 비용은 점차 증가하게 되며, 수확량＝생산량이기 때문에 '한계비용의 체증' 명제가 성립한다. 역으로 '한계비용의 체증'이 성립하면 '수확체감의 법칙'이 성립하게 된다.

그렇지만 이 수확체감의 법칙이 일반적으로 성립하는 것은 결코 아니다. 생산의 증가가 자연에 의해 제약을 받는 농업이나 어업·광업 등에서, 더구나 생산기술에 큰 진보가 없을 때 성립하는 법칙이다.

자본주의 생산의 중심 산업인 공업(제조업)은 수확(생산)체감의 법칙을 이미 과거지사로 간주하고 있다. 공업의 경우, 대량생산을 이용해 1개당 비용을 낮추는 것이 일반적이다. 이때 한계비용은 체증하는 것이 아니라 체감한다. 결국 '한계비용 체증' 명제는 일반적으로는 성립하지 않는다.

앞에서 설명한 논리는 '한계비용 체증' 명제를 전제로 해서 생산자의 이윤을 최대화하는 생산량(공급량)을 결정하는 것은 가능했지만, 이 명제가 성립되지 않기 때문에 그 또한 불가능해

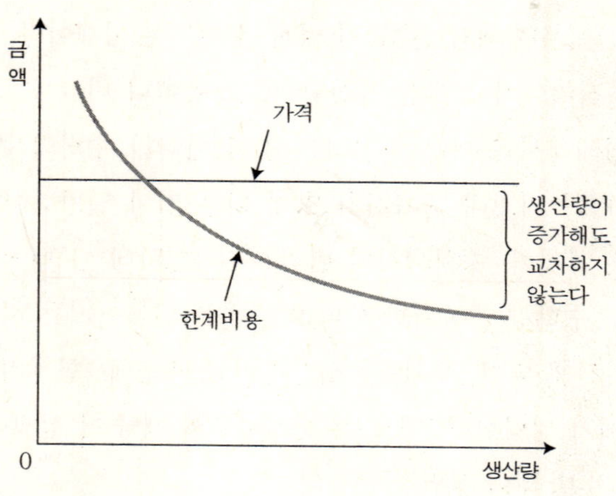

진다. 다시 말해 공급량은 가격으로는 결정되지 않는다는 것이다. 공급곡선은 일반적으로는 성립하지 않는다는 것이 타당한 결론이다(〈그림 8〉 참조).

가격보다 한계비용이 밑돌아서 한계비용이 체감할 경우(혹은 한계비용이 일정한 경우), 생산량이 증대할수록 그만큼 생산자의 이윤은 증가한다. 즉 가격이 그대로라면, 생산의 증대를 비용증가가 한계짓는 경우는 없어진다. 생산의 내부에서는 생산량(공급량)의 한계가 없어지게 된다는 것이다.

그러므로 각 기업은 생산을 점점 더 증대하지만 결국 외부로부터의 수요의 한계에 직면하고 공급과잉이 발생하여 가격이 비용보다 낮아지게 됨에 따라 생산을 축소하지 않을 수 없다는

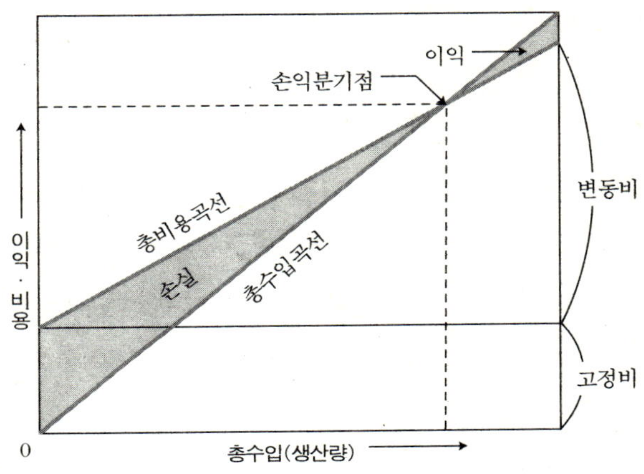

것이다.

공급곡선이 현실적인 것이 아니라는 것은, 수요곡선의 경우와 마찬가지로 개개의 구체적인 상품을 추산한 예를 찾아볼 수 없기 때문이라고도 말할 수 있다. 뿐만 아니라 기업경영의 구체적인 분석 등에 '손익분기점'이라는 접근방식이 널리 이용되고 있는데, 〈그림 9〉에 나타나 있듯이 일반적으로 변동비가 생산량에 비례한다고 생각한다.

다시 말해 한계비용은 일정하다고 보는 것으로서, 한계비용이 체증한다는 등의 가정은 전혀 상정하지 않고 있다. 그리고 손익분기점보다 생산량이 늘어나면 늘어날수록 이윤은 증가한다고 파악하고 있다. 따라서 '한계비용 체증' 명제는 현실적이지 않은 것이다.

그런데 앞에서 소개한 『슈트경제학원리』에서는 이 문제에 대해 다음과 같이 구차한 변명을 늘어놓고 있다.

대부분의 산업에서는 조업률이 넓은 범위에 걸쳐서 변화할지라도 한계비용은 거의 일정하다. …그러나 …일정한 수준을 넘어서 생산을 늘리면 한계비용은 이미 일정한 것이 아니라 상승하게 된다.(『スーツ經濟學原理(下)』, 84쪽)

이어서 한계비용이 상승하는 이유로 시간외 수당의 증가, 효율성이 낮은 예비기계의 이용, 생산증가에 따른 불량이나 원료비의 증가, 설비능력의 물리적 한계를 열거하고는 유리병 제조

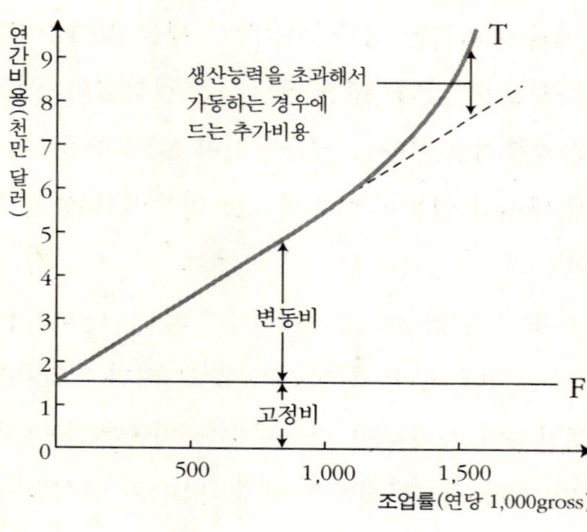

〈그림 10〉 병 제조업의 비용

연간산출 총비용은 고정비(산출과는 독립)와 변동비(한계비용에 따른 산출 증가)의 합계이다. 한계비용이 일정한 범주 내에서 변동비는 산출에 비례해서 증가한다. 그 범주를 초과하면 생산능력을 초과하여 가동되는 것보다 비용은 산출증가에 따라 급격히 상승한다.

공장의 통계를 예로 들어서 〈그림 10〉을 작성하고 있다(〈그림 10〉에 나오는 수치의 경우 자료의 출처를 밝혀놓지 않은 점으로 미루어보아 단순히 예로 든 것 같다). 이른바 '초과가동에 의한 한계비용 체증'을 주장하고 있는 것이다.

확실히 공장에서도 각각의 시점에서 생산능력이라는 한계(제한)가 있다. 하지만 이것은 농업에서의 비옥한 경작지 면적의 한계라든가 재배식물의 한정된 결실량 같은 자연적인 한계와는 다르다. 생산설비의 가동률을 높이는 것만으로도 상당 정도의 증산이 가능하거니와 설비개선이나 새로운 설비의 도입도 단기간에 해낼 수 있다. 결국 생산능력이라는 제한 자체가 가변적인 것이다.

또 『슈트경제학원리』에서 한계비용(cost)의 상승요인으로 중시되고 있는 시간외 노동의 비용은, 일본의 경우 오히려 대폭적인 비용인하 요인이 되고 있으며 근무시간 내 노동의 23.3%밖에 되지 않는다. 더욱이 이 시간외 노동이 과로사를 불러일으키는 한 가지 원인이라고까지 이야기되고 있다(森岡孝二 著, 『企業中心社會の時間構造』, 靑木書店, 144쪽 참조). 따라서 초과가동이 한계비용을 증가시키는지 여부는 반드시 명확한 것은 아니다.

덧붙여 말하면, 생산자가 이윤을 최대화하는 공급량은 가격과 상승해 가는 한계비용의 교차점에서 결정된다는 것이 근대 경제학의 접근방식이기 때문에, 〈그림 10〉과 같이 한계비용의 상승이 생산능력을 초과한 가동에 의해서도 이루어진다는 『슈트경제학원리』의 주장이 성립한다면 생산자는 이윤을 최대화하기 위해 생산능력을 초과한 가동(공급)을 하는 것이 항상 일반적인 상황이라는 것이 된다(생산능력의 범위 내에서 가동할 때는 한계비용이 거의 일정하다고 주장하고 있기 때문에, 한계비용과 가격은 교차점을 가지지 않을 뿐더러 공급량은 결정되지 않는다).

그러나 이것은 분명 기묘한 결론이 아닐 수 없거니와, 일본의 공장가동률은 경기가 보통 수준인 상황에서 약 90%라고 알려져 있다. 『슈트경제학원리』의 '초과가동에 의한 한계비용 체증' 설 역시 공급곡선을 구제하지는 못하고 있다.

4) 시장가격 설명논리로서의 수요곡선·공급곡선

이제 수요곡선도 공급곡선도 일반적으로는 성립하지 않는다는 것은 밝혀졌다고 본다. 그렇기 때문에 수요곡선과 공급곡선의 교차점(균형점)에서 가격이 결정된다는 설도 물론 성립하지 않는다.

그럼에도 불구하고 이 설이 가격의 결정방식을 잘 설명하는 것으로 상당히 널리 받아들여지고 있는 이유는 과연 어디에 있는 것일까. 그것은 이 설이 시장에서의 가격결정 방식을 설명하는 논리로서는 일정 정도 현실성을 지니고 있기 때문이라고 생각한다.

판매자(공급자)와 구매자(수요자)가 시장에서 상대하여 매매가 성립할 경우, 매우 당연한 말이지만 판매수량과 구매수량은 일치해야 한다. 일정한 가격에서 판매자가 팔고자 하는 수량과

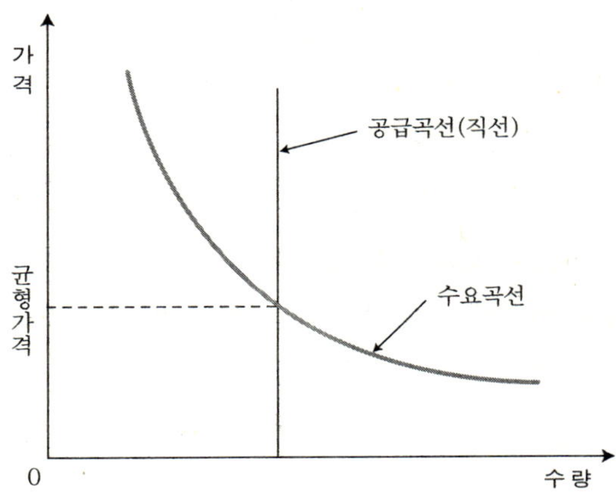

구매자가 사려고 하는 수량이 일치하지 않을 때는 판매수량에 일치하도록 가격이 변화해서 매매가 이루어지게 한다.

예를 들어 바나나의 염가판매, 공매(auction), 경매, 그리고 생선도매시장에서 경매로 물건을 사고 파는 경우 판매용으로 나온 상품의 일정량만 이 시장에 공급된다. 그리고 서로 다투어 가격을 올리거나 내림으로써 수요량을 공급량에 일치시켜 매매를 성립시키는 것이다.

이것이 가능한 것은 낮은 가격에서 높은 가격으로 되는 데 따라 수요량은 감소하고 혹은 높은 가격에서 낮은 가격으로 되는 데 따라 수요량이 증가하기 때문이다. 이 경우, 오른쪽으로 낮아지는 수요곡선이 성립하고 있다고 생각될 수 있다. 다시 말해 이러한 가격결정 방식에서는 가격을 〈그림 11〉처럼 수직의 공급곡선과 오른쪽으로 낮아지는 수요곡선의 교차점으로 나타낼 수도 있다는 것이다. 또 공급량 역시 시장(예를 들어 주식시장 등)에 따라서는 가격이 상승하면 증대하므로, 공급곡선을 오른쪽으로 높아지는 곡선으로 그리는 것도 근거가 있다.

균형가격이 수요곡선과 공급곡선의 교차점에서 결정된다고 파악하는 방식은, 바로 앞에서 말했듯이 시장에서의 가격결정 방식을 설명하는 경우에는 일정한 현실성(reality)을 가진다. 그러나 여기에서 성립하는 수요곡선이나 공급곡선은 오직 그 시장에서 가격이 결정될 때에 한해서 성립하는 것으로서 순간적인 것이다.

즉 시장에서 상품의 가격이 결정될 때마다 다른 형태의 수요곡선과 공급곡선이 성립한다는 것이다. 예를 들어 주식시장에서는 정치·경제 정보나 회사정보는 물론이고 주가변동 자체에 의해서 수요곡선과 공급곡선이 달라지게 된다.

시장이란 상품을 일정량만큼 판매하고자 하는 사람과 일정량만큼 구매하고자 하는 사람이 매매를 성립시키고자 하는 장소이다. 그렇기 때문에 공급하고자 하는 양과 예상 수요량은 이미 일정한 폭으로 결정되어 있다. 물론 판매자는 가능한 한 비싸게 팔고 싶어하고 구매자는 가능한 한 싸게 사고 싶어하지만, 그 공급량과 수요량은 가격과 독립되어 결정되어 있는 것이다.

그러나 예상 공급량과 예상 수요량은 전혀 별개로 결정되기 때문에 당연히 일치하지 않게 마련이며, 그 불일치를 오직 가격만으로 조절하는 기능을 가진 것이 바로 시장이다. 즉 시장은 수요나 공급에 영향을 미치는 가격 이외의 여러 가지 조건을 매매가 성립되는 시점에서는 고정시켜 일정하게 만들어놓은 다음에 가격만 가지고 수요공급의 매듭을 짓는 것이다. 현실 속에서 가격과 수요공급 관계만 뽑아낸다는 추상화 작용이 시장에는 원래부터 있는 것이다.

시장에서 가격이 결정될 때마다 다른 형태의 수요곡선과 공급곡선이 순간적으로 성립한다고 앞에서 설명한 것도 그 곡선들이 가격 이외의 여러 조건을 그 시점에서 고정시켜 일정하게 만든 선상에서 성립하는 가격과 수요공급의 관계이기 때문이다. 이 점을 제대로 이해하지 못한 것이 바로 수요곡선과 공급곡선의 교차점에서 가격이 결정된다는 이 설인 것이다. 이 설은 수요곡선과 공급곡선이 시장에서의 매매에 앞서 그전부터 영속적이고도 일반적으로 성립하고 있으며 그것이 시장에서의 가격을 결정한다고 보는 것이다.

시장에서의 가격결정 방식을 설명할 때는 일정한 의미를 지니는 수요곡선과 공급곡선이 그것을 뛰어넘어서 터무니없이 확대 해석된 결과 생겨난 설이라고 말할 수 있을 것이다.

마지막으로, 성격 면에서 본 근대경제학의 이 설과 마르크스의 가격론(가치론)의 차이 한 가지만 더 설명하기로 하자.

수요곡선과 공급곡선의 교차점에서 가격이 결정된다는 이 설은 현실의 가격크기 그 자체가 결정되는 방식을 이론적으로 밝혀낸 것으로 평가되고 있다. 즉 어떤 상품의 수요곡선과 공급곡선 그리고 그 이동(shift) 상황이 추산될 수 있으면, 현시점 또는 각각의 시점의 가격이 파악될 수 있다는 입장이다.

이와 달리 마르크스의 가격론은 제2장에서 설명했듯이 현실의 가격은 변동하지만 광의의 생산비(=가치)로 수렴된다는 것이다. 혹은 변동하는 가격의 중심은 광의의 생산비(=가치)라고 파악한다. 그러므로 현실의 가격을 그때마다 파악하고자 하는 입장은 원래부터 아니다.

이 점에서 비교해 보면, 수요곡선과 공급곡선에 의한 가격결정 설은 욕심을 무척이나 많이 부린 이론이다. 그러나 가격은 수요와 공급의 관계에서 큰 폭으로 변동한다. 그 수요와 공급은 다양한 조건으로 결정된다. 현실의 가격은 이른바 우연적인 요소에 따라 움직이는 것이기 때문에 그 가격을 모두 파악할 수 있다는 설은 본래부터 무리한 것이라고 하지 않을 수 없다.

■후 기

『자본론』이나 마르크스 경제학에 관한 해설서는 많이 나와 있다. 그러나 그 기초적인 부분인 가치론·잉여가치론을 이해하기 쉽게 쓴 간단한 해설서는 의외로 적은 것 같다.

이런 해설서가 많지 않은 것은, 형식 면에서는 『자본론』이나 마르크스 경제학의 전체 체계를 다루는 책이 대부분이기 때문이라고 생각한다. 너무 두껍지 않은 책에서 전체 체계를 다루려고 하면, 각 부분의 설명이 아무래도 짤막해지고 그만큼 이해하기가 어렵게 된다. 또 내용 면에서는 쉽게 이해할 수 있게 하는데 중점을 두기보다 정확성(이라기보다『자본론』의 순서를 그대로 따라서 요약한 해설)에 중심을 두고 있는 책이 거의 대부분이기 때문이다. 이와 같은 해설서도 물론 필요하겠지만, 중요한 곳이 허술하게 다루어지고 있음을 부정할 수 없을 것 같다.

나는 국민경제론이나 재생산론의 전공자로서 가치론과 잉여가치론의 전문연구자는 아니지만, 대학에서 마르크스 경제학의 기초를 가르친 지 19년이 되었다(최근 10년 동안에는 근대경제학도 가르치고 있다). 수강생 수가 100명이 넘는 강의를 한 경우도 많았는데, 이런 경험을 살려서 『자본론』의 기초부분을 나

나름대로 '알기 쉽게' 설명하는 책을 써보고 싶다고 생각하게 되었다. 역시 『자본론』은 해설서를 쓰고 싶어지는 매력적인 책임에 틀림없다.

대학에서의 강의도 처음에는 『자본론』에서 발췌한 내용이나 『임노동과 자본』을 텍스트로 사용한다거나 또 마르크스 경제학 개설서나 『자본론』 해설서를 사용하기도 했다. 이 역시 나름대로 장점이 있었지만 만족할 만한 것은 아니었다.

이런 식으로 5년 정도를 하다가 그 뒤부터는 내가 직접 프린트를 만들어서 학생들에게 주고 강의를 하였다. 이 방식은 생각했던 것보다 호평을 받았으며 "이 프린트처럼 이해하기 쉽게 해놓은 것은 어디에도 없으니 프린트를 한데 모아서 책으로 펴내면 좋겠다"는, 강사를 기쁘게 하는(이것을 의도한) 의견도 해마다 제기되곤 했다. 이 책의 들어가기 부분은 수업에 사용한 프린트를 좀더 보완한 것이다. 이 책에 굳이 들어가기를 넣은 것은 이 같은 사정에 힘입은 바 크다.

『자본론』을 꼼꼼히 풀어서 쓴 책으로는 『자본론 세계(資本論の世界)』(內田義彦 著, 岩波新書)를 들 수 있다. 이 책은 명저일 뿐 아니라 넓은 의미에서의 『자본론』 해설서이다. 그러나 저자의 독자적인 해석이 크게 부각되어 있어서 해설서라기보다도 『자본론』을 소재로 한 저자의 저작이라는 측면이 강하다.

『자본론』의 기초부분을 나 나름대로 '알기 쉽게' 한다는 것은, 이와 같은 책이 아니라 『자본론』의 내용 그 자체에 대한 나의 이해를 심화시켜 가면서 그것을 이해하기 쉽게 표현한다는 점에서 독창적인 공부와 연구가 된 책을 내놓는다는 의미이다.

집필을 마친 지금의 단계에서 유의한 점을 정리해 보면 대략 다음과 같다.

첫째로, 차례에도 나와 있지만 내가 다룬 항목은 그 범위를 『자본론』의 기초부분에 한정하였다. 『자본론』은 제Ⅲ권(제3부) 까지 있으며, 제Ⅰ권(제1부)은 7편 25장으로 구성되어 있다. 그 중에서 이 책에서 주로 다룬 부분은 제Ⅰ권의 제1편(1장~3장) '상품과 화폐' 및 제2편(4장) '화폐의 자본으로의 전화'이다.

『자본론』의 이 첫 부분은 『자본론』 전체와 마르크스 경제학의 기초를 이루고 있다. 마르크스에 의해 확립된 노동가치론, 그리고 유물사관과 더불어 마르크스의 2대 발견이라고 일컬어지는 잉여가치론이 이 부분에서 해명되고 있기 때문이다. 그리고 관련된 해설 속에서는 『자본론』의 다른 부분도 다루고 있다.

둘째로, 이해하기 쉽게 하기 위해서 논리전개나 개념설명의 방법을 공부했는데, 그 가운데 주요한 세 가지를 언급해 두겠다.

먼저 『자본론』은 이른바 상향식으로 전개되고 있다. 이것은 엄밀한 논리전개 방식일 뿐 아니라 읽어나가는 동안에 앞에서 서술한 내용의 의미가 더욱더 깊어지는 구조이기도 하지만, 이해하기 쉽게 한다는 관점에서 보면 마이너스 측면도 있다. 이와 관련해서는 논리전개의 결과를 먼저 도출해서 개념의 의미를 설명하거나 결과를 미리 문제로 설정하는 식으로 해서 쉽게 이해할 수 있게 했다.

그리고 논리전개의 경우는 본류와 지류를 구별하려고 했다.

이 책의 서술형식을 들어가기와 해설 그리고 질문·답변 세 가지로 나눈 이유 한 가지가 바로 이것이다.

나아가 각 개념을 설명하는 데 있어서는, 제각각 다양한 방식으로 고찰했는데 예를 들어 '가치'의 경우 상품의 가격이 무엇에 의해 결정되는지를 과학적으로 규명해 내기 위한 개념으로서 이 '가치' 개념이 탄생되었다는 점을 강조했다. 가치의 실체가 상품에 포함된 노동의 양이라는 것은 상당히 추상적인데다 이해하기 어렵기 때문에, 마르크스도 가격과 가치를 매개하는 개념으로서뿐 아니라 가치의 실체를 나타내는 개념으로서 초기에 사용했던 '생산비'를 중시하고 있다.

셋째로, 명제나 논리를 전형적으로 드러내주는 사례나 사실을 발견한 경우에는 그것을 활용하려고 했다. 예를 들어 화폐 발생의 필연성을 증명하는 예로서 캄보디아의 폴 포트 일파에 의한 폭력적인 화폐폐지 후 화폐가 자연발생적으로 대두한 사실, 그리고 상품교환이 공동체를 해체시키는 쪽으로 작용하는 예증으로서 안데스 고지 인디오들의 생산에 주목했다.

넷째로, 『자본론』에 대한 해석이 갈라지고 있는 논점의 경우 논쟁의 여지가 있다는 점을 지적하면서 내가 이해하고 있는 바를 알기 쉽게 서술하려고 했다. 또한 나의 독자적인 해석이 있는 경우도 마찬가지이다.

다섯째로, 의식적으로 현대적인 과제에 신경을 썼다. 예를 들어 이 책 전체를 통해서 『자본론』의 현대적인 유효성을 드러내는 데 주력하고 있다. 나아가 근대경제학(미시경제학)의 가격론

에 대한 비판(〈보론 2〉 참조), 사회주의 경제와 가치론의 관계 등
에 관해서도 언급했다.

　이상의 내용에 대한 공부나 연구가 성공하고 있는지는 독자
의 비판에 맡길 수밖에 없겠지만, 탈고하기까지는 예상했던 것
보다 훨씬 많은 시간이 걸렸다. 신니혼(新日本)출판사에서 출
판제안이 있어서 기획서를 작성한 것이 1993년 6월이고, 그 기
획서에는 늦어도 1995년 4월까지는 출판하기를 바란다고 씌어
져 있다. 당시에는 강의에 사용하고 있는 프린트가 있으니 그
정도의 시간이면 완성시킬 것으로 생각했던 것이다. 그런데 막
상 시작하고 보니 예삿일이 아님을 알게 되었고, 그와 동시에
무척 재미있는 일이라는 것도 알았다.

　예를 들어 『자본론』은 상품의 분석으로부터 시작하고 있는데,
그것은 자본주의 사회가 상품생산 사회이기 때문이다. 하지만
상품교환과 상품생산은 옛날부터 있었다. 에도 시대를 떠올려
보면, 생산의 기본은 봉건제이지만 상품교환과 상품생산이 상
당히 발달해 있다. 그렇다면 그 양적인 비율은 어느 정도였을까
하는 의문이 생겼다. 그래서 흥미를 가지고 이런저런 조사를 하
는 과정에서 완성된 것이 '보론 1. 에도 시대의 쌀을 중심으로
한 생산과 소비의 순환구조에 대하여'이다(1993년 여름방학은
이 연구로 다 보냈다).

　보론 1에서 서술한 착상은 아마 역사연구자에게는 없을 것 같
은 발상이라고 여겨져서 좀더 깊이 연구하여 학술논문으로 완
성해도 좋겠다는 생각도 해보았으나, 그대로 끝나버릴 공산이

큰지라 『자본론』의 해설로서는 범위를 약간 벗어나 있지만 보론 1로 싣기로 했다.

  이러는 동안에도 대학 행정업무도 바쁘고 다른 원고도 물론 썼지만 그러는 틈틈이 이 책과 관련된 연구와 집필을 계속했으며, 장기적인 일의 중심은 늘 이 책에 두었다. 그럼에도 불구하고 조금 아까 설명한 바와 같은 흥미로운 문제가 잇따라 생겨나서 예상보다 훨씬 많은 시간이 걸리게 된 것이다.

  마지막으로, 일본공산당 명예간부회 위원인 고토(工藤晃) 씨에게는 교정쇄 단계에서 이 책을 한번 읽어주십사 부탁드려, 내용이 불충분하거나 이해하기 난해한 부분 일곱 군데에 대해서 가르침과 지적을 받아 많은 도움이 되었다. 누구보다도 『자본론』에 대한 조예가 깊은 고토 씨인지라 내용이 개선되고 사고 또한 깊어질 수 있었다. 두 가지 점만 구체적으로 얘기해 보자면, 상품의 생산비에 관한 『자본론』의 인용(자본에 있어서의 생산비와 상품 그 자체에 있어서의 생산비는 구별된다는 점을 지적하고 있는 곳)은 고토 씨의 가르침에 따른 것이다. 또 등가형태의 수수께끼 같은 성격에 관한 설명 역시 고토 씨의 지적을 받아 개선되었다. 마음 깊이 감사드린다.

  신니혼출판사의 데라오카(寺岡敏夫) 씨에게는 이 책의 기획에서부터 출판에 이르기까지 여러 가지 신세를 졌다. 『자본론 교실(資本論の敎室)』이라는 책이름도 데라오카 씨가 생각해 낸 것이다. 『자본론』의 번역어 문제에 대해서도 몇 가지 가르쳐주어서 그 점을 개선할 수 있었다. 또한 다도코로 미노루(田所稔)

씨는 원고 전체를 처음부터 끝까지 주의 깊게 읽고 유익한 지적
을 몇 가지 해주어서 전반적으로 내용을 가다듬을 수 있었다.
두 분께 깊이 감사드린다.

1997년 7월 6일

가와카미 노리미치(川上則道)

이 책은 어렵기로 이름난 칼 마르크스의 『자본론』을 누구나 쉽게 이해할 수 있도록 그 핵심적인 내용만을 간추려서 풍부한 예증과 함께 철저하게 분해하고 있는 가와카미 노리미치(川上則道) 교수의 『資本論の敎室』(新日本出版社, 1997)을 우리말로 옮긴 것이다. 따라서 이 책은 간단히 말하자면 정제된 '자본론 해설서'요, 세련된 '정치경제학 원론'이라고 할 수 있다.

그렇다면 세계자본주의 체제로 단일화한 가운데 새 천년이 시작된 요즘 『자본론』이나 그것에 기초한 '정치경제학'이 필요한 이유는 무엇인가.

첫째, 『자본론』이나 정치경제학은 기본적으로 우리의 모든 생활을 지배하고 있는 자본주의의 구조와 생리를 철저하게 해부하고 있기 때문이다. 둘째, 상품·생산·자본의 세계화를 추구하는 세계자본주의 체제는 오늘의 사회를 이른바 '20 대 80의 사회'로 급속하게 재편해 나가면서 대부분의 인간을 자본의 노예로 전락시키고 있기 때문이다. 셋째, 인류가 걸어온 '경제사회 발전사'를 통해서 볼 때 자본주의는 결코 영속적일 수 없기 때문이다. 요컨대 경제체제가 자본주의로 단일화함에 따라 자

본은 그 본질적 속성인 기생성과 천민성을 더욱 노골화·세계
화하면서 인간의 위기를 초래하고 있고 이것은 다시 자본의 위
기를 불러일으키고 있기 때문에, 이 시점에서 『자본론』이나 정
치경제학이 반드시 필요하다는 것이다.

이와 같은 필요성을 충족시키기 위해서라도 『자본론』이나 정
치경제학은 지금보다 훨씬 더 정치화(精緻化)·유연화(柔軟
化)·계량화(計量化)되어야 한다. 다시 말해 『자본론』이나 정치
경제학을 공부하는 사람들은 지나친 교조주의(dogmatism)를
경계하면서 그 내용을 더욱더 풍부하게 만들어나가야 한다는 것
이다. 이런 의미에서 이 책이 하나의 계기가 되었으면 한다.

이 책을 번역하면서 저자의 표현과 의도를 정확히 옮겨야 한
다는 점에서 번역이 결코 쉽지 않은 작업임을 실감했고 많은 것
을 배웠다. 그럼에도 불구하고 옮긴이의 부족함 때문에 『자본론
교실』이 지니고 있는 학술적 엄밀성을 해치지나 않았는지 걱정
이 앞선다. 독자 여러분의 많은 관심과 질정을 바란다.

마지막으로, 『자본론』이나 정치경제학에 대한 학문적 관심이
척박한 한국적 현실을 뛰어넘어 이 책을 흔쾌히 출판하기로 결
정하고 보다 나은 책을 만들기 위해 혼신의 노력을 기울여준 도
서출판 당대의 여러 식구들에게 깊은 감사를 드린다.

2000년 2월

최종민